热点话题谈心茶 2018

湖南如何着力推动习近平新时代中国特色社会主义思想深入人心?

怎样推进开放崛起五大专项行动?

怎样细化落实中央 1 号文件?

改革开放 40 年给湖南人民带来了哪些实惠?

湖南如何交好脱贫攻坚历史答卷?

中共湖南省委宣传部　组织编写

湖南人民出版社

前言

十年树木，百年树人。自2009年我省首次开展“热点话题谈心录”以来，今年已是第十个年头了。在省委宣传部的坚强领导和统筹协调之下，通过专家学者的共同努力，“热点话题谈心录”已经成为中宣部充分肯定的宣传工作品牌，得到了社会各界的点赞。

今年的“热点话题谈心录”，坚持以习近平新时代中国特色社会主义思想为指导，紧紧围绕“新时代”这一主题，对当前经济形势、发展走势及有关政策措施进行集中宣传和解读。老百姓关心什么，“热点话题谈心录”就谈什么。为此，紧紧围绕贯彻党的十九大精神，落实好省第十一次党代会部署，我们继续组织专家学者，回应人民群众对党中央、国务院，省委、省政府政策走向的关心，聚焦老百姓对经济社会发展热点焦点的关注，遴选了“理论宣传”“改革开放”“脱贫攻坚”“项目建设”“乡村振兴”“教育医疗”“环境保护”“开放崛起”等12个话题，进行谈心谈话，开展集中宣传。

“热点话题谈心录”专稿，自今年6月11日在全省各级媒体正式刊播以来，引发了广泛的关注和好评，总体“颜值”较高。今年的专稿继续保持以往风格，以谈心式解读，切实做到深入浅出、语言通俗，努力把广大干部群众的思想和行动，统一到省委、省政府的重大决策部署上来，以新理念引领新发展、新作为体现新担当，确保我省如期全面建成小康社会。

10年来，“热点话题谈心录”有变有不变。有所变化的是，话题发生了变化，每年主题各有不同；队伍发生了变化，不断有新人加入。没变的是，整体风格没变，依旧是通俗易懂；目标指向没变，仍然是服务大局。更为重要的是，组织者和策划者对做好“谈心录”的初心没变，广大老百姓对“热点话题谈心录”的支持和厚爱没变。我们希望，通过“热点话题谈心录”，让党和政府的政策走进寻常百姓家、走进老百姓心里，进而为我省改革发展凝心聚力，营造良好环境。

编写组

2018年8月

2018
热点话题谈心录
CONTENTS

目录

1

天天见　天天新　天天深

——湖南着力推动习近平新时代中国特色社会主义思想深入人心

>> 热点导读 <<

习近平新时代中国特色社会主义思想已经成为全党和全国各族人民的共同遵循。湖南创造性地开展做活大学习、做新大普及、做实大践行、搞好大评议"三做一评"活动，推动习近平新时代中国特色社会主义思想"天天见""天天新""天天深"：一是通过学习彰显政治自觉，依靠学习建功新时代；二是构建宣讲宣传矩阵，凝聚砥砺前行力量；三是理论一经掌握群众，也会变成物质力量；四是形成长效机制，促进学懂弄通做实。

2018年4月9日，长沙市首个"新时代农民讲习所"在开福区沙坪街道的一处农家屋场率先开讲。该街道的工委书记邹畅认真解读了习近平新时代中国特色社会主义思想，围绕"美丽乡村建设"等主题，用鲜活的例子和数据侃侃而谈，并现场解答了村民提问。

这次被村民评价为"开了眼，醒了脑"的讲习，是湖南开展习近平新时代中国特色社会主义思想"天天见""天天新""天天深""三做一评"活动

2018年1月24日，湖南省第十三届人民代表大会第一次会议在省人民会堂开幕。会议全面贯彻党的十九大精神，以习近平新时代中国特色社会主义思想为指导，引领全省人民建设富饶美丽幸福新湖南。图为会议现场（田超/摄，湖南日报社新闻影像中心供图）

的生动缩影。

大家知道，习近平新时代中国特色社会主义思想已经成为全党和全国各族人民的共同遵循。在这个大背景下，让习近平新时代中国特色社会主义思想“天天见”“天天新”“天天深”，就成为全党全国当前和今后一个时期的首要政治任务。

“天天见”“天天新”“天天深”不是一句空洞的口号，而是反映理论武装规律的科学命题。从“见”到“新”，再到“深”，是一个螺旋式上升的过程，也是理论武装工作必须破解的时代课题。为了答好这个课题，湖南努力架好理论与干部群众之间的桥梁，创造性地开展了“三做一评”活动，即做活大学习、做新大普及、做实大践行、搞好大评议。

通过学习彰显政治自觉，依靠学习建功新时代

“大学习”的“大”，首先体现为分层次、全覆盖。湖南充

·深度关注·

习近平新时代中国特色社会主义思想

2017年10月18日，在中国共产党第十九次全国代表大会上，习近平总书记首次提出“新时代中国特色社会主义思想”。2017年10月24日，习近平新时代中国特色社会主义思想被写入党章。

作为全党全国人民为实现中华民族伟大复兴而奋斗的行动指南，习近平新时代中国特色社会主义思想明确坚持和发展中国特色社会主义，总任务是实现社会主义现代化和中华民族伟大复兴，在全面建成小康社会的基础上，分两步走，在本世纪中叶建成富强民主文明和谐美丽的社会主义现代化强国；明确新时代我国社会主要矛盾是人民日益增长的美好生活需要和不平衡不充分的发展之间的矛盾，必须坚持以人民为中心的发展思想，不断促进人的全面发展、全体人民共同富裕；明确中国特色社会主义事业总体布局是“五位一体”、战略布局是“四个全面”，强调坚定道路自信、理论自信、制度自信、文化自信；明确全面深化改革总目标是完善和发展中国特色社会主义制度、推进国家治理体系和治理能力现代化；明确全面推进依法治国总目标是建设中国特色社会主义法治体系、建设社会主义法治国家；明确党在新时代的强军目标是建设一支听党指挥、能打胜仗、作风优良的人民军队，把人民军队建设成为世界一流军队；明确中国特色大国外交要推动构建新型国际关系，推动构建人类命运共同体；明确中国特色社会主义最本质的特征是中国共产党领导，中国特色社会主义制度的最大优势是中国共产党领导，党是最高政治领导力量，提出新时代党的建设总要求，突出政治建设在党的建设中的重要地位。

分发挥“关键少数”的引领作用，推进党委（党组）理论学习中心组学习制度化、规范化，开设《学习贯彻习近平新时代中国特色社会主义思想微心得专报》，形成一级带着一级学、一级做给一级看的良好氛围。省委书记杜家毫撰写了《把学习贯彻习近平新时代中国特色社会主义思想不断引向深入》等多篇学习心得，引导领导干部先学先思、先悟先行。针对党员干部、青年学生、基层群众等群体，注重从“需求侧”角度对其学习关注点进行调查研究，从“供给侧”角度采取培训轮训、主题征文、演讲比赛、学习研讨、新时代学习大会、在线答题等多种形式优化“菜单”，实现供给与需求的有效对接。

“大学习”的“大”，还体现在学习有高度、有深度。湖南组织全省社科理论界的业务骨干分批次开展习近平新时代中国特色社会主义思想专题培训，为推动学习往深里走、往实里走、往心里走打牢基础。同时，确定100项“研究阐释习近平新时代中国特色社会主义思想”智库专项委托课题，开展“贯彻落实习近平新时代中国特色社会主义思想，实施创新引领、开放崛起战略，加快建设富饶美丽幸福新湖南”等系列活动，推出一批有深度、有说服力的研究成果，为高质量发展提供大量“醒世之言”“务实之策”。

构建宣讲宣传矩阵，凝聚砥砺前行力量

理论宣讲鼓士气。省委书记杜家毫参加完党的十九大回湘后，第一时间就深入洞庭湖腹地进行调研和宣讲。此后，他抓住各种机会，

湖南构建宣讲宣传矩阵，凝聚砥砺前行力量。图为红网专栏《建功新时代》滚动推送全省学习贯彻习近平新时代中国特色社会主义思想的动态

在全省近半数市州宣讲习近平新时代中国特色社会主义思想和党的十九大精神。省、市、县成立专家宣讲团，层层铺开宣讲活动。全省成立各级微宣讲队伍2000多支，深入基层开展微宣讲活动6万余场，直接受众达300万人次。

新闻宣传聚人气。省内各媒体统一开设《在习近平新时代中国特色社会主义思想指引下——新时代 新气象 新作为》专栏，连续推出相关报道。针对人往网上走、人在网上聚的形势，组织省内主要网站和移动新闻客户端在突出位置开设专题专栏，红网的《建功新时代》栏目每日滚动播放全省各地学习贯彻习近平新时代中国特色社会主义思想的最新动态，“新湖南”客户端每日重点推送一篇宣传阐

湖南打造特色理论宣传模式，让习近平新时代中国特色社会主义思想宣讲更接地气。图为2018年5月31日，益阳市“新思想　新时代——学习贯彻党的十九大精神专题文艺演出”在南县拉开帷幕（红网供图）

释习近平新时代中国特色社会主义思想的原创文章，日点击量近万次。

特色宣传接地气。融入文艺创作、思想道德建设与文明创建，是创新普及手段的好办法。比如，益阳市组织“新思想　新时代——学习贯彻党的十九大精神专题文艺演出”，借助花鼓戏、快板书、益阳弹词、现代歌舞等艺术形式，将习近平新时代中国特色社会主义思想和盘托出，演出60多场，获得广泛好评。益阳市还准备将此节目进行扩展，添加3个关于精准扶贫、环境保护、乡村振兴主题的艺术折子戏，在全市80多个乡镇巡回义演。

理论一经掌握群众，也会变成物质力量

坚持学思用贯通、知信行统一，把习近平新时代中国特色社会主义思想贯穿到改革发展稳定的各个领域，转化为三湘大地实实在在的发展红利。党的十九大闭幕不久，湖南迅速出台学习贯彻意见，进一步推动“三个着力”落地落实，部署推进“四大创新”，实施五大开放专项行动，加快建设富饶美丽幸福新湖南。

推动高质量发展，着力抓重点、补短板、强弱项。2018年第一季度，全省经济实现8%的增长，增速比2016年、2017年同期明显加快。省委确定2018年为“产业项目建设年”，湖南产业正向中高端迈进。全球首列虚拟轨道列车将在2018年投入运营，可经受1250摄氏度高温的含铍碳化硅纤维正在加快产业化…… “指尖”“路上”“天上”的制造变革，几乎每天都在湖南精彩上演，成为湖南经济发展稳定性、可持续性进一步提升的最好注解。

抓好防范，化解重大风

·热词点击·

“三个着力”

2016年全国两会期间，习近平总书记来到湖南代表团参加审议，要求湖南“着力推进供给侧结构性改革，着力加强保障和改善民生工作，着力推进农业现代化”。“三个着力”从湖南改革发展实际出发，为湖南发展指明了方向，标注了路径。

“四跟四走”

所谓“四跟四走”，就是“资金要跟着贫困户走，贫困户跟着能人走，能人跟着项目走，项目必须跟着市场走”，让贫困户、资金、项目和市场等扶贫要素实现精准对接，彻底打通扶贫机制的肠梗阻。

险、精准脱贫、污染防治三大攻坚战。大力推进企业降低资产负债率，坚决控制政府债务不合理增长。华菱钢铁果断终止资产重组、停止脱实向虚，实现扭亏为盈，产值和利润创历史最好水平。省委始终把贫困地区、贫困人口与全省同步建成小康社会作为重要政治任务、头等大事和第一民生工程。过去5年，共减少农村贫困人口551万，贫困发生率由2012年底的13.43%下降到3.86%，还形成了“四跟四走”“互联网+扶贫监督”等一批可复制可推广的经验，涌现了王新法等一批可歌可泣的先进典型。以“一湖四水”为重点，开展了力度空前的生态环境专项整治行动，以壮士断腕的决心和超常规的举措推进长江岸线湖南段专项整治，湖南的山更绿、水更清、天更蓝、空气更

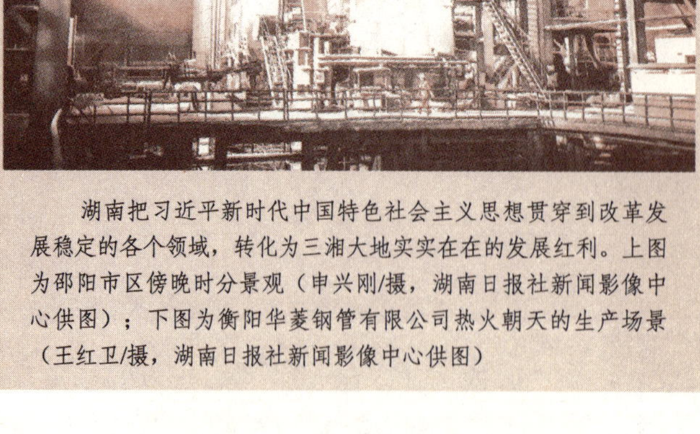

湖南把习近平新时代中国特色社会主义思想贯穿到改革发展稳定的各个领域，转化为三湘大地实实在在的发展红利。上图为邵阳市区傍晚时分景观（申兴刚/摄，湖南日报社新闻影像中心供图）；下图为衡阳华菱钢管有限公司热火朝天的生产场景（王红卫/摄，湖南日报社新闻影像中心供图）

清新。

以永远在路上的韧劲继续“赶考”，巩固了全面从严治党的良好态势。省委立场鲜明，“利剑”高悬，在强力“打虎”的同时持续“拍蝇”，严查中央“八项规定”落实情况及扶贫领域作风问题，让全省政治生态更加风清气正，党心民心更加凝聚。省委常委会以身作则、以上率下，坚持不懈加强自身建设，着力增强领导干部专业化能力和党性修养，为发展积蓄长远后劲。

…观点·声音…

中国特色社会主义进入新时代，意味着科学社会主义在21世纪的中国焕发出强大生机活力，极大地提升了马克思主义的世界影响力，极大地提升了马克思主义理想信念的感染力和感召力。

——中共中央党校习近平新时代中国特色社会主义思想研究中心主任　何毅亭

习近平新时代中国特色社会主义思想深深蕴含着中国共产党人的初心和使命。中国共产党人的初心和使命，就是为中国人民谋幸福，为中华民族谋复兴。这个初心和使命是激励中国共产党人不断前进的根本动力。

——党建杂志社总编辑　崔海教

当前的首要政治任务和头等大事，就是要切实按照学懂、弄通、做实的要求，持续兴起学习宣传贯彻习近平新时代中国特色社会主义思想和党的十九大精神热潮，推动思想理论建设不断往深里走、往实里走、往心里走。

——湖南省委常委、宣传部部长　蔡振红

形成长效机制，促进学懂弄通做实

按照课题式设计、项目式管理、工程式推进、台账式督查、绩效式考核的思路，湖南注重准确把握对象、科学设置目标、细化考评标准，从“分类”的角度突出考评专题研修、主题征文、演讲比赛、百

湖南通过开展“三做一评”活动，让习近平新时代中国特色社会主义思想飞入寻常百姓家。图为2018年2月，长沙市委讲师团组织基层宣讲员在农村宣讲习近平新时代中国特色社会主义思想

姓微宣讲等“九个一”子活动，从“分层”的角度突出考评党委（党组）理论学习中心组和县处级以上党员领导干部，从“分级”的角度突出考评省、市、县、乡、村五级党组织，奖优罚劣、选树典型，压实责任、传导压力，确保习近平新时代中国特色社会主义思想“天天见”“天天新”“天天深”推进有方向、检验有尺度、效果有保证。

通过开展“三做一评”活动，让习近平新时代中国特色社会主义思想正飞入三湘大地寻常百姓家。正如永州市零陵区一名支部书记说的，现在学习新思想的内容很丰富、形式很多，街坊邻居都能说上几句，大家还经常用“幸福是奋斗出来的”等来激励自己。

“洞庭波涌连天雪，长岛人歌动地诗。”我们坚信，在习近平新时代中国特色社会主义思想的指引下，生机勃勃的湖南一定会迎来更加光辉灿烂的前景！

·信息链接·

湖南首家习近平新时代中国特色社会主义思想研究院成立

2017年10月29日，湖南首家习近平新时代中国特色社会主义思想研究院在湖南师范大学成立。湖南师范大学党委书记李民、校长蒋洪新担任研究院院长，该校马克思主义学院院长吴家庆担任研究院执行院长。

湖南师范大学是湖南人文社科研究高地，拥有中央“马克思主义理论研究和建设工程”首席专家5名，专职或兼职承担马克思主义理论学科教学和研究的专家学者数百名，是湖南首批7个省级重点智库之一、湖南首批7家中国特色社会主义理论体系研究基地之一。

湖南师范大学习近平新时代中国特色社会主义思想研究院集结了该校最雄厚的研究力量，由该校21位顶级的人文社科专家及2位省外知名专家组成。同时，还成立了湖南师范大学党的十九大精神讲师团。自2017年11月起，该讲师团成员进企业、进社区、进乡村，广泛开展习近平新时代中国特色社会主义思想的宣传和宣讲。

2

把有意义的事情做得有意思

——从《社会主义“有点潮”》看湖南如何进行理论宣传创新

热点导读

党的十八大以来，习近平总书记高度重视理论工作，为各地各相关单位推进理论工作创新提供了大有可为的广阔舞台。湖南策划推出的电视理论节目《社会主义“有点潮”》的走红，为推动全省理论宣传创新工作带来了很多启发：一是把握时态，坚定唱响理论宣传主旋律，把“顶天”与“立地”、“传道”与“解惑”更好地结合起来；二是通过聚焦特定群体、媒体融合发展、技术创新推动样态创新，倍增理论宣传效果；三是通过建好四支队伍、搭好四座舞台、说好四种话语创新语态，推动理论宣传入脑入心。

“乌托邦是座什么岛？”“《共产党宣言》是本什么书？”“‘阿芙乐尔’号为什么会开炮？”……在党的十九大召开前夕，这些“高冷”的理论话题随着《社会主义“有点潮”》的热播而流行起来。这档由中共湖南省委宣传部、人民网、湖南教育电视台策划推出的电视理论节目，先后经中央和湖南省两级媒体播出后，在广大观众特别是青年大学生中产生了强烈反响，也受到了中央和省委领导

湖南理论宣传创新不断取得新的成效。图为在全国引起热烈反响的电视理论节目《社会主义“有点潮”》（中共湖南省委宣传部供图）

的高度关注，《人民日报》《光明日报》《求是》等20多家主流媒体纷纷热评。这档节目在十九大新闻中心大厅播映后，迅速形成了电视理论节目收视现象，被专家学者一致认为是讲好中国特色社会主义故事的一次成功尝试。

《社会主义“有点潮”》的走红并不意外。党的十八大以来，习近平总书记高度重视理论工作，他带领全党创新理论，建设和发展了21世纪的马克思主义和科学社会主义，为各地各相关单位推进理论工作创新提供了大有可为的广阔舞台。在此背景下，湖南选取重大时间节点聚焦重大政治主题，及时推出的这档既有意义又有意思，还有点潮的理论节目，不但彰显了一种卓越胆识和使命担当，也很好地顺应了宣传形势和党的事业发展的迫切需要。那么，《社会主义“有点

·深度关注·

在全国范围内集中开展党的十九大精神宣讲活动

2017年11月2日颁布的《中共中央关于认真学习宣传贯彻党的十九大精神的决定》，就全国范围内集中开展党的十九大精神宣讲活动做出如下规定：

作从现在起到明年初，在全国范围内集中开展党的十九大精神宣讲活动。11月上、中旬，党中央组织学习贯彻党的十九大精神宣讲团，赴各省区市开展宣讲。各地要参照这一做法，抽调骨干力量组成宣讲团，深入企业、农村、机关、校园、社区进行宣讲。坚持领导带头，中央政治局同志和各省区市、中央各部门主要负责同志在分管领域亲自宣讲，各级党政军群主要负责同志带头宣讲，以实际行动带动广大干部群众的学习。开展面向党外人士的宣讲工作，增进党外人士对党的十九大精神的认知认同。要充分用好网络手段，通过网络直播、网络视频、网上交流等形式，做到全网跟进，积极回应广大网民的关切。要着力增强宣讲的针对性、生动性、思想性，联系马克思主义中国化历史进程，联系党的十八大以来党和国家事业的历史性成就和历史性变革，联系广大干部群众思想和工作实际，把党的十九大精神讲清楚、讲明白，让老百姓听得懂、能领会、可落实。

潮”》的走红，对于推动湖南理论宣传创新，把有意义的事情做得更加有意思有哪些启发呢？

其一，把握时态，坚定唱响理论宣传主旋律

《社会主义“有点潮”》之所以能火起来，生动的语言、鲜活的画面固然为其增色不少，但它更多借助的是社会主义真理的魅力和逻辑的力量来赢得人心。精准把握理论宣传的“时态”，即立足时代背景、把握时代主题、瞄准当下大众最普遍的理论需求去释疑解惑，这才是节目成功的关键。基于此，湖南的理论宣传也着重抓了两个结合。

一是把“顶天”与“立地”更好地结合起来。“顶天”就是要紧扣时代主题，精准吃透上情，确保方向准、导向正、路子对，真正把中央精神领会好、宣传好。“立地”就是要了解民情民意，接好地气，真正让中央精神往深里走、往实里走、往群众心里走。比如，在湖南党的十九大精神的各级宣讲中，既严格按照中央的部署和要求，以党的十九大报告为纲，原汁原味地解读，科学严谨地宣讲，又紧密联系湖南的发展实际，结合省第十一次党代会精神和省委十一届四次全会精神，实现“顶天”与“立地”的有机结合。

二是把“传道”与“解惑”更好地结合起来。“传道”就是要正、要红，要大张旗鼓地讲习近平新时代中国特色社会主义思想好，共产党、社会主义好，伟大祖国好，达到“铸魂补钙”的目的。“解惑”就是不偏不倚，旗帜鲜明地开展辨析引导，达到匡正驱邪的目的。《社会主义“有点潮”》正是抓住了“究竟什么是社会主义？”“社会主义到底好不好？”“社

·数字点击·

湖南积极探索理论普及工作

2017年，湖南开展“社会主义‘有点潮’”主题宣传活动，创办了国内首档“三新”进校园理论脱口秀电视节目《社会主义“有点潮”》，该节目在湖南卫视播出，2017年10月10日在人民网首页推送，并在中国教育电视台、湖南教育电视台同步播出。同时，“社会主义‘有点潮’”主题征文收到参赛征文15000多篇，主题演讲比赛收到演讲稿3000多篇，征集到主题歌曲近500首。编辑出版了“‘新思想·新实践·新湖南’丛书”（10卷本），贯彻习近平总书记对湖南提出的“一带一部”“三个着力”“精准脱贫”等重要指示，展示湖南学习贯彻习近平总书记系列重要讲话精神和党中央治国理政新理念新思想新战略的生动实践。

…观点·声音…

有创新性的理论宣传方式，不仅可以增强学习宣传的吸引力，还能让广大党员群众变“被动听”为“主动学”，扩大宣讲的受众面，也能让理论宣传入脑入心、管用有效，把人们对新时代美好生活的期望化为现实中的点滴努力。

——《人民日报》记者　方　敏

理论宣讲，既要讲好“普通话”，也要讲好“地方话”，让小品、快板、相声、歌曲成为理论最好的“翻译”，使理论有更多的“泥土味”。

——退休老党员　林桂华

用老百姓喜闻乐见的方式进行党的十九大精神宣讲，老百姓很喜欢。通过宣讲，我深刻感受到党对人民的一片情，感受到老百姓对我们国家未来的发展充满了信心。

——党的十九大精神基层宣讲员　谢志华

会主义源自何处又走向何方？”以及“南湖的红船为什么破浪前行？”“中国特色社会主义特在哪？”“中国梦是个什么梦？”等人民群众普遍关心的重大主题和热点问题，既讲伟大成就又不回避问题，才实现了通过“传道”与“解惑”帮助观众坚定“四个自信”的目的。

其二，创新样态，倍增理论宣传效果

《社会主义“有点潮”》之所以能够实现平台热播、媒体热评、网友热议，成为理论节目的爆款产品和现象级节目，靠的不是明星大腕、网络大V（身份获认证的微博意见领袖），而是通过样态创新，达到马克思主义经典论述与生动呈现的有机结合，让观众看完节目后纷纷感慨：“节目打破了受众对马克思主义理论的刻板印象，入心入境，接地气，有温度，喜欢！点赞！”认为“社会主义的发展史感天动地”“要为自己的幸福发奋工作”，从而达到很好的理论宣传效果。围绕理论宣传的样态创新，湖南进行了以下几个方面的探索：

聚焦特定群体进行样态创新。根据受众的年龄、职业、文化水平、地域等特点，做到"一群一策""私人订制"，让理论大餐合胃口，理论工作才能真正做下去、做进去。《社会主义"有点潮"》的成功充分证明了这一点。这档节目在名称、形态、嘉宾选择、语感语态等方面与青年的习惯高度契合，为激发青年观众的共鸣、争取青年观众发挥了至关重要的作用。这种差异化策略的应用，在湖南理论宣传工作中随处可见。比如，在党的十九大精神宣讲过程中，长沙市根据不同群体需求，分别制定了宣讲提纲——机关事业干部版、企业工人

湖南聚焦特定群体进行理论宣传样态创新，确保理论宣传入心入脑。图为2017年10月31日，《社会主义"有点潮"》节目制作组走进湖南大学，举行"十九大精神宣讲湖南大学专场"活动（左丹/摄，湖南日报社新闻影像中心供图）

版、城市社区居民版、乡镇农村农民版、学校学生版，切实提高宣讲针对性，受到广大党员、干部和群众的欢迎。怀化市则针对苗族和侗族集中聚居的特点，在5个少数民族县广泛组建“苗语侗话”宣讲队，走村进寨、在田间地头进行宣讲，用“老百姓的话”讲述鲜活的故事、生动的例子，确保少数民族群众有效地接受党的十九大精神。

媒体融合发展推动样态创新。媒体融合，立体传播，这是理论宣传的大势所趋。《社会主义“有点潮”》围绕一个主题，打通了报纸、广播、电视和门户网站、“两微一端”，堪称媒体融合推动理论宣传样态创新的成功范本。比如，该档节目在电视播出的同时，人民网同时推送了《今天，我们聊聊社会主义》一文，24小时内点击量迅速突破10万，既进行了理论传播，又带动了舆论话题，推动这档节目迅速形成收视现象。为了进一步推进媒体融合发展，湖南出台了《关于推动传统媒体和新兴媒体融合发展的实施方案》，对媒体融合发展进行了谋划和部署，致力于形成一个全媒体、宽受众、立体化信息传播的理论宣传新格局。

·热词点击·

“两微一端”

“两微一端”指微博、微信及移动客户端。“两微一端”融合传播排行榜的评估范围，覆盖国内所有传统媒体和新媒体。

坚持技术创新带动样态创新。理论宣传要入脑入心，首先要能入眼入耳。《社会主义“有点潮”》中的一幕幕画面让人久久难忘：马克思与恩格斯一起探讨问题、恩格斯在马克思墓前发表演说，这些全息投影模拟的历史场景重现，让人可感可触。同时，围绕节目主题，一个个精彩的微故事、微视频、微动漫、微图片、微窗口等新型传播方式让观众轻松就能领会社会主义理论深奥的内涵。媒体融合发展，需要技术层面的深度变革，也带动了理论宣传的模式创新。除了常规的"互联网+理论"模式外，"视频+理论""数据+理论""平台+理论"等理论宣传新模式不断涌现，实现了最大的宣传效果。

其三，创新语态，推动理论宣传入脑入心

语感语态，不仅涉及"怎么说"，还与"谁来说、在哪儿说"有关。老中青的嘉宾搭配，脱口秀的节目形式，平民化的语言表达，

湖南挖掘基层"名嘴"，广泛开展基层"微宣讲"。图为2018年5月29日，长沙市开福区科大佳园"老首长课堂"聘请退休老首长为社区党员宣讲党的十九大精神（科大佳园社区供图）

《社会主义“有点潮”》展现的这些极具亲和力的语感语态，迥异于以往理论专题片“你听我说”的刻板形象，让节目能入脑入心。在这方面，湖南的理论宣传做到了三个“四”。

建好四支队伍。党代表是“播种机”，他们将党的创新理论、最新精神播种在广大人民群众的心田，特别是进行历次党代会精神宣讲时，党代表们“冒热气”的宣讲将党的最新精神第一时间输送到了基层；领导干部是“领头羊”，各级党委（党组）书记是学习宣传贯彻党的创新理论的第一责任人和第一宣讲员，他们带动和激发着全体党员干部理论

湖南积极搭建多种形式的理论宣传舞台。上图为2018年6月25日，长沙市开福区通泰街街道西园社区开展“梧桐树下·北里讲堂”情景党课活动，党员们在重温入党誓词（田超/摄，湖南日报社新闻影像中心供图）；下图为2018年7月1日，湖南省国资委党员及国有企业党支部书记在上党课（傅聪/摄，湖南日报社新闻影像中心供图）

学习的热情；理论专家是“主力军”，他们以坚定的政治立场、扎实的理论功底将理论讲准讲透，讲到百姓心田；基层“名嘴”是“轻骑兵”，他们挖掘群众身边的“田秀才”“土专家”“新乡贤”，充分发挥他们“轻骑兵”的作用，广泛开展基层“微宣讲”。

搭好四座舞台。报告式宣传。通过报告会、大讲堂，全面准确地阐释党的创新理论。座谈式宣传。各级宣讲团深入农村社区、工厂车间等，采取与党员、干部、群众近距离交流互动的方式，回答基层干部群众普遍关注的热点、难点问题，使党的理论从纸上跃到干部群众的脑中。文艺式宣传。面向群众，结合地方实际，用相声、说唱、戏曲、快板等群众喜闻乐见的文艺形式，使党的理论宣讲悦耳又悦目、入脑又入心。互联网宣传。通过网络访谈、推出网络课程等方式，统筹线上线下渠道、网上网下资源，广泛开展“互联网+宣讲”，使党的创新理论充盈网络空间。

说好四种话语。讲好“普通话”。严格按照中央的部署和要求，全面准确宣传党的最新精神，原汁原味解读，科学严谨宣传。讲好“湖南话”。既紧紧围绕党的最新精神，又紧密联系湖南发展实际，把“普通话”变为“湖南话”，不断增强宣传的针对性和实效性。讲好“百姓话”。把宣传提纲变为“明白纸”，把报告语言翻译成“大白话”，让老百姓听得懂、能领会、可落实。讲好“个人话”。各级理论宣讲员在原原本本认真研读、融会贯通掌握党的创新理论的基础上，结合个人的学习感悟对理论进行再加工，努力发挥创造性，形成自己的归纳提炼，体现自己的特色和风格，既深入浅出又有血有肉。

总的来说，湖南理论宣传既能大有可为，更需积极作为，担当起该担当的责任，真正使我们的理论宣传工作与党的理论创新进程合拍、与党的理论创新成果相匹配，不负伟大时代，不负伟大事业，不负伟大机遇，不断显示21世纪中国马克思主义的真理光芒！

·信息链接·

“新湖南”：打造“媒体+政务”发展战略

2015年8月15日，新湖南客户端上线，湖南日报社开始实施“新媒体发展优先战略”，纸媒和新媒体融合形成“双轮驱动”，提升整体传播力。2017年下半年，新湖南客户端先后推出了《厉害了我们的新湖南》动漫MV、《我在天安门看升旗》等爆款产品。目前，新湖南客户端综合影响力在全国党媒客户端中排名第四，其中前三名分别是新华社客户端、央视新闻客户端和人民日报客户端。

由湖南日报社代运营维护的湖南微政务、三湘风纪、“这里是湖南”等省直机构的政务微信矩阵群，目前用户突破80万。2017年以来，该报社又以“新湖南云”为载体，实施“媒体+政务”发展战略，参与省政府门户网站内容建设；积极与省直厅局、高校合作共建政务新媒体；积极为区县提供“一频一端”技术和内容输出服务。目前，已有省委统战部、省国资委等部门，湘潭大学等高校，开福区、零陵区、桂阳县等50多家机构入驻“新湖南云”。《一图读懂｜产业湖南原来这么厉害》等作品，以《湖南日报》经济报道为蓝本，采用新媒体方式解读，报道好省委、省政府的中心工作，塑造了党媒的公信力。

3

走出开放强省新路径

——湖南怎样推进开放崛起五大专项行动

2018年4月，三湘大地雨量丰沛，草木繁茂，江河满盈。岳阳城陵矶港，水面开阔，湖面船舶穿梭，湖岸车流如织，大量“湘品”从这里漂洋过海，世界各地的货物也从这里进入湖南。2017年，超过40万标箱的货物在此中转。

>> 热点导读 <<

省第十一次党代会以来，全省上下深入贯彻落实“创新引领 开放崛起”战略，提出了开放崛起五大专项行动——“对接500强，提升产业链”“对接新丝路，推动‘走出去’”“对接自贸区，提升大平台”“对接湘商会，建设新家乡”“对接‘北上广’，优化大环境”。五大开放专项行动是如何提出的、为什么是这五大开放专项行动、五大开放专项行动如何组织实施，湖南正以实际行动，向全球讲述三湘大地波澜壮阔的开放故事。

长沙铁路货运新北站，每周都有3～4列满载电子产品、机械配件、陶瓷、湘绣、茶叶等商品的“湘欧快线”从这里一路向西，驶往塔什干、明斯克、莫斯科、汉堡、杜伊

立足“一带一部”战略定位，在“创新引领　开放崛起”战略指引下，湖南大力实施开放崛起五大专项行动，开放型经济呈现跨越发展、加快崛起的良好势头。图为2017年7月6日，岳阳城陵矶国际集装箱码头，江海轮“华光洋山”号停靠装箱（徐行/摄，湖南日报社新闻影像中心供图）

斯堡……

长沙黄花国际机场，每天都有飞往或来自世界各地的飞机起降，2017年旅客吞吐量突破2000万人次，位居中部第一，73条国际和地区航线可直飞21个国家和地区……

省第十一次党代会以来，全省上下深入贯彻落实“创新引领　开放崛起”战略，提出了开放崛起五大专项行动。开放崛起战略正转化为加快发展的强大动力，经由五大开放专项行动的实践，向全球讲述湖南波澜壮阔的开放故事。

五大开放专项行动是如何提出的？

当今世界，和平合作、开放融通的潮流滚滚向前，世界已经成为你中有我、我中有你的“地球村”，各国各地区间的经济社会发展联系日益紧密、影响日益加深，推进互联互通、加快融合发展是促进共同繁荣发展的必然选择。

2018年4月10日，习近平总书记在博鳌亚洲论坛开幕式上向全世界郑重宣示“中国开放的大门不会关闭，只会越开越大”，再次展示了我国继续坚持对外开放、构建开放型世界经济的坚定决心。位于中

·深度关注·

中国扩大开放新重大举措

在博鳌亚洲论坛2018年年会开幕式上的主旨演讲中，习近平提出，在扩大开放方面，中国将采取以下重大举措：

第一，大幅度放宽市场准入。确保放宽银行、证券、保险行业外资股比限制的重大措施落地，同时加大开放力度，加快保险行业开放进程，放宽外资金融机构设立限制，扩大外资金融机构在华业务范围，拓宽中外金融市场合作领域。尽快放宽汽车行业等制造业外资股比限制。

第二，创造更有吸引力的投资环境。加强同国际经贸规则对接，增强透明度，强化产权保护，坚持依法办事，鼓励竞争、反对垄断。2018年上半年完成修订外商投资负面清单工作，全面落实准入前国民待遇加负面清单管理制度。

第三，加强知识产权保护。重新组建国家知识产权局，完善执法力量，加大执法力度，把违法成本显著提上去。保护在华外资企业合法知识产权，希望外国政府加强对中国知识产权的保护。

第四，主动扩大进口。中国不以追求贸易顺差为目标，真诚希望扩大进口，促进经常项目收支平衡。2018年将相当幅度降低汽车进口关税，同时降低部分其他产品进口关税，加快加入世界贸易组织《政府采购协定》进程。希望发达国家对正常合理的高技术产品贸易停止人为设限，放宽对华高技术产品出口管制。

部的湖南，是支撑“一带一路”和长江经济带联动发展的战略纽带，在服务国家发展大局中具有十分重要的地位。

“湖南要发挥作为东部沿海地区和中西部地区过渡带、长江开放经济带和沿海开放经济带结合部的区位优势。”2013年11月，习近平总书记在湖南考察期间，对湖南提出了“一带一部”的崭新定位，从战略高度重构湖南经济发展新坐标。湖南省委、省政府认真领会贯彻习近平总书记的指示精神，将新的定位化作制定发展战略的基石，提出了“创新引领　开放崛起”战略，并把建设“开放强省”列为建设“五个强省”的目标之一。

开放崛起战略，把握了时代脉搏，切合湖南实际，是把“一带一部”区域定位落到实处的必然要求，是湖南未来发展的潜力所在、希望所在、出路所在。

开放是披荆斩棘、久久为功的艰辛事业，既要有迎难而上的决心与勇气，也要有知行合一的务实与担当。2017年7月，省委十一届三次全会就实施“创新引领　开放崛起”出台一揽子方案——“451”行动计划。其中“5”，即五大开放专项行动：对接500强，提升产业链；对接新丝路，推

·数字点击·

2017年湖南外贸进出口情况

2017年，湖南进出口总值2434.3亿元（人民币，下同），同比增长39.8%，增幅位列全国第4位，中部六省第1位。其中，出口1565.5亿元，同比增长33.3%；进口868.8亿元，同比增长53.3%。从7月份开始，各月进出口值均在200亿元以上，12月当月进出口287.9亿元，为年内最高值。

2017年7月17日至18日，中国共产党湖南省第十一届委员会第三次全体会议在长沙召开，部署推进“创新引领 开放崛起”战略。图为会议现场（红网供图）

动“走出去”；对接自贸区，提升大平台；对接湘商会，建设新家乡；对接“北上广”，优化大环境。从清晰的发展定位到引领全面的战略部署，细致精准的行动方案再演绎为热火朝天的现实，顶层设计逐渐化为一个个具体的行动。

为什么是这五大开放专项行动？

地处中部的湖南，过去一直是对外开放的薄弱地区。进出口总量不大，外贸依存度低，外向型经济成为湖南发展明显的短板。

这些年，湖南牢记中央关于湖南“一带一部”的区域定位，坚持

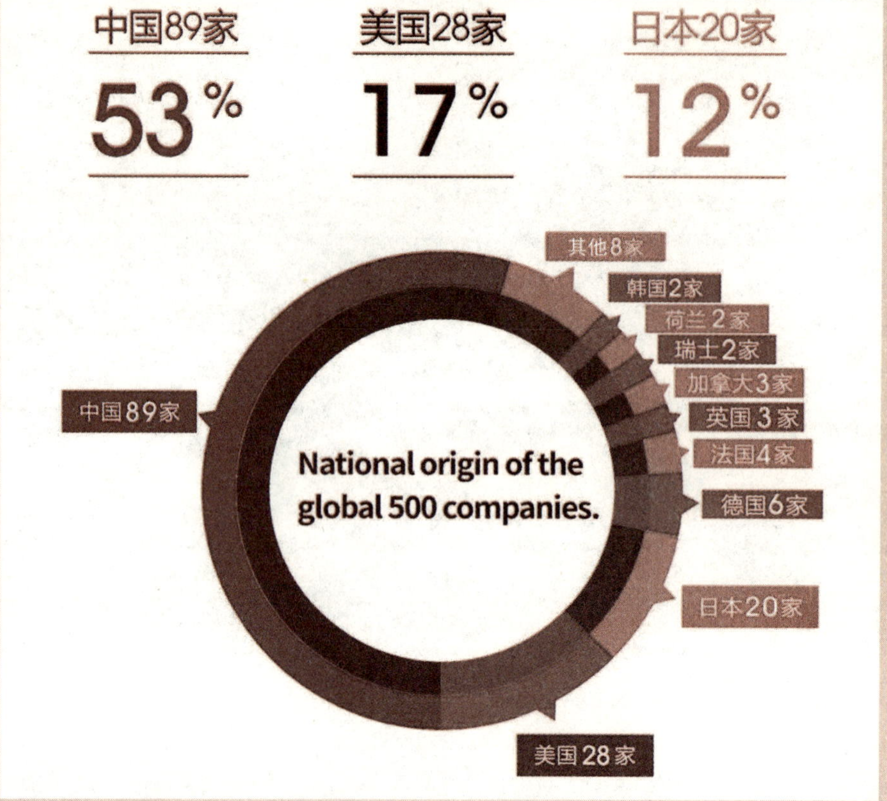

"对接500强，提升产业链"，湖南全力招大引强，推动产业集聚集群发展。图为当前在湘投资世界500强企业国别来源情况

把发展作为第一要务，坚定不移深化改革、扩大开放，全省开放发展取得了阶段性重要成效，但开放发展不平衡、不充分等问题仍较突出。

阻碍湖南开放崛起的问题究竟在哪里？如何组织突破？正是结合了思考与实践，湖南提出了开放崛起五大专项行动。

毋庸讳言，虽然湖南近几年来经济持续快速增长，经济发展的质量和水平不断提高，但与沿海地区相比，仍存在一些差距，如产业链较短，深加工能力不足；先进制造业和高新技术产业规模还不够大；等等。提出“对接500强，提升产业链”，核心内容就是瞄准世界500强、中国500强、中国民营500强，全力招大引强，实现“强链、延链、补链”，推动产业集聚集群发展。

“走出去”方面，“一带一路”倡议正在深入推进实施，但湖南“走出去”的项目落地时具有散、小、差、乱等现象，甚至出现了恶性竞争和国际不良反应，最缺乏的就是“抱团出海”和智力支撑。“对接新丝路，推动‘走出去’”，就是要加快对接“一带一路”，引进和培育外贸龙头企业和新型业态，推动湖南产品和产能“走出去”，参与国际分工与竞争。

湖南开放平台数量居中西部第一，但与此同时，很多开放平台并未发挥出应有的作用。此外，目前湖南国际物流渠道不畅、成本不低、效率不高、质量不优的问题依然存在，与中部其他省份的差距较

…观点·声音…

中国开放的大门只会越开越大，内陆省份加快发展尤其需要加大开放的力度，开放是湖南的希望所在、潜力所在、出路所在，商务和开放型经济工作任务艰巨、使命光荣。

——湖南省商务厅厅长　徐湘平

补齐湖南开放经济的短板，要在产业发展、港区、综保区和进口口岸一体化机制上有新突破，要在整合港口资源加大港口协作上有新举措，尤其要在加大基础设施建设、优化港区营商环境上实现新突破。

——湖南省人民政府参事、湖南商学院教授　柳思维

推进开放强省建设，湖南应积极响应国家“一带一路”倡议，深入实施“走出去”和“引进来”相结合的发展思路，力争把湖南建成“一带一路”内陆核心腹地。

——湖南大学经济与贸易学院副院长　许和连

大。“对接自贸区，提升大平台”，就是要对接国家自由贸易试验区，强化口岸、综保区、园区等各类平台的支撑作用，畅通国际物流大通道，加快申报中国（湖南）自贸试验区和推动湘南承接产业转移示范区扩围。

从古至今，湘商都是中国经济发展的中坚之一。目前，海内外湖南商会已发展到300多家，拥有会员企业60000多个，连接着大量资产和人才。如何依靠这股宝贵的力量更好地促进湖南经济社会发展，提出了“对接湘商会，建设新家乡”开放行动，引导广大湘商回湘创新创业，着力推动湘商总部回归、产业回归、资本回归和人才回归，强化湘商回归服务。

助力深入实施“创新引领 开放崛起”战略，共享发展机遇，建设新家乡，不断开创湖南改革发展新局面。2017年11月22日，第八届湘商大会暨第五届湘南投洽会在郴州拉开帷幕（湘商网供图）

近年来，湖南投资环境不断改善，但与沿海地区相比，差距仍很明显。“对接‘北上广’，优化大环境”行动，将全面对标北京、上海、广东等发达地区，打造国际化、法治化、便利化营商环境，具体包括优化审批环境、成本环境、法治环境、信用环境、创新环境、服务环境和通关环境。

五大开放专项行动如何组织实施？

为实现开放强省目标，深入推进开放崛起战略，必须坚持问题导向，推进五大开放专项行动。站在省级层面，实施开放崛起战略，围绕五大开放专项行动，将着力推进五大重点项目工程。

一是以海关特殊监管区为载体，组织实施综保区百亿级美元项目，力争到2020年海关特殊监管区进出口总额达到200亿美元以上；二是打造以中兴供应链为主体，以达通、浩通等平台企业为支撑的综合服务平台，力争到2020年综合服务平台进出口总额达到100亿美元以上；三是以金霞保税物流中心为载体，以国际化物流体系为纽带的跨境电商百亿级美元项目，构建中部区域性物流集散中心；四是着力引进一批外向型实体龙头企业和加工贸易项目，力争引进企业新增进出口额100亿美元以上；五是以长沙为枢纽，以黄花机场、霞凝港、城陵矶港等口岸为支撑，以航空物流、湘欧快线、江海联运、港澳直通车为重点，整合物流形态，打造国际化物流体系。

加快推进湖南开放崛起战略，围绕五大开放专项行动，基层政府和园区应当做好两篇文章：把湖南的产品、产能推出去，特别是

为实现开放强省目标，湖南坚持问题导向，围绕五大开放专项行动，着力推进构建中部区域性物流集散中心、打造国际化物流体系等五大重点项目工程。上图为金霞保税物流中心（陈飞/摄）；下图为2018年8月17日，广铁集团长沙货运中心长北货场，“湘欧快线”最新开通的长沙—蒂尔堡中欧班列呼啸出发（傅聪/摄，湖南日报社新闻影像中心供图）

推到国外去；把域外的资金、技术引进来，特别是把境外的资金、技术、人才引进来。

在“推出去”方面。经济新常态下，要重新认识生产与流通的关系，随着互联网和“工业4.0”的推广，消费和流通对生产的反作用越来越强，从某种意义上讲是消费决定生产；要统筹兼顾内贸和外贸发展，加大内外贸融合力度，特别是要在外贸项下实现突破，组织和引导经济实体直接参与国际分工与竞争；要注意把“互联网+商贸流通”这个基础性的流通业态利用好，抓好电子商务的产业发展，全力打造跨境电商中西部地区集散中心。

在“引进来”方面。要抓住招商引资的四大热门领域，即基础设施、园区载体、资源利用、供给侧需求，以省委、省政府确定的20个产业链为着力点，重点对接好世界500强、中国500强、中国民营500强企业，努力在产业链提升上实现重大突破。

·信息链接·

开放崛起五大专项行动“施工表”

为贯彻落实习近平总书记在博鳌亚洲论坛2018年年会开幕式上的主旨演讲精神和在庆祝海南建省办经济特区30周年大会上的讲话精神，把握新一轮改革开放机遇，湖南省委、省人民政府决定在全省范围内全面实施开放崛起专项行动，真抓实干加快推动湖南从内陆大省向开放强省转变。

施工任务：“对接500强，提升产业链”“对接新丝路，推动‘走出去’”“对接自贸区，提升大平台”“对接湘商会，建设新家乡”“对接‘北上广’，优化大环境”。

施工目标：到2021年，全省开放发展新格局基本形成，开放型经济主要指标增速高于全国平均水平，高于全省GDP增长水平。到2021年，新引进世界500强、中国500强、中国民营500强企业100家以上，利用外资年均增长10%以上，利用内资年均增长12%以上；进出口总额年均增长15%以上，出口总额年均增长10%以上；对外工程承包和劳务合作营业额年均增长15%以上，对外投资总额年均增长10%以上；海关特殊监管区进出口总额年均增长30%以上，省级及以上园区进出口总额年均增长18%以上、利用外资年均增长10%以上；湘商回乡投资项目资金累计达6000亿元以上，湘商企业总部回归20个以上。

4

激活实体经济新动能

——湖南如何实施“产业项目建设年”活动

>> 热点导读 <<

2018年是湖南“产业项目建设年”，为在全省上下营造抓项目兴产业、发展实体经济、加快转型升级的浓厚氛围，湖南以“五个100”为抓手，振兴实体经济；加强组织协调，将各级各部门的“产业项目建设年”推进情况纳入全省绩效考核范畴；各地迅速反应，掀起了产业项目建设热潮。

2018年以来，湖南着力开展“产业项目建设年”活动，通过着力抓好100个重大产业建设项目、100个科技创新项目、100个重大产品的创新，引进100个500强企业、100个科技创新人才，在全省上下大力营造抓项目兴产业、发展实体经济、加快转型升级的浓厚氛围。

那么，湖南是如何进一步深入学习领会、贯彻落实好省委、省政府的决策部署，继续巩固提升产业兴湘、产业

湖南下大力气实施“产业项目建设年”活动，激活实体经济新动能。图为2018年5月18日，全国知名民营企业携手湖南助推中部崛起大会在长沙举行（赵持/摄，湖南日报社新闻影像中心供图）

强湘的良好态势的呢？

以“五个100”为抓手，振兴实体经济

2017年12月4日召开的省委常委会（扩大）会议，首次提出了在2018年开展“产业项目建设年”活动的工作思路。

随后召开的省委经济工作会上，省委书记杜家毫强调，“抓经济关

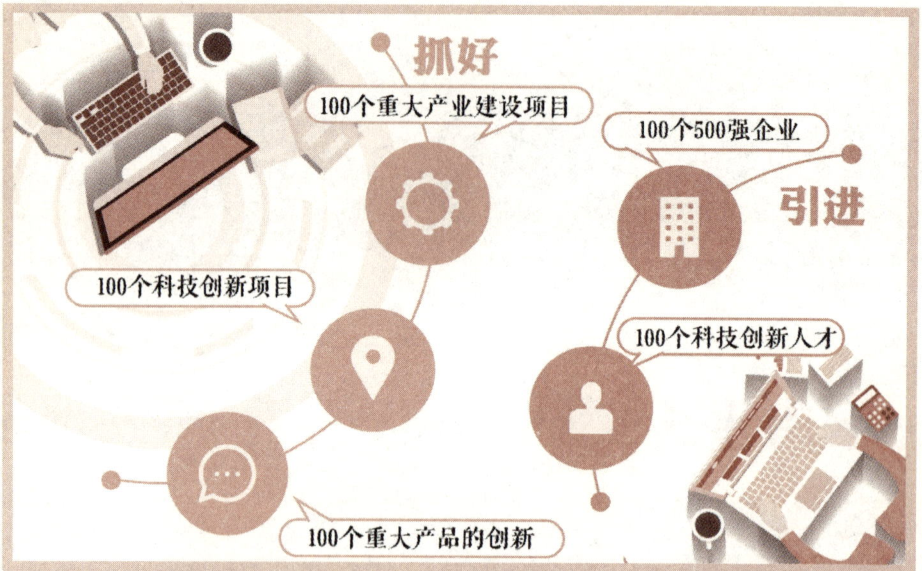

2018年是湖南“产业项目建设年”，将着力抓好“五个100”项目（张扬/制图，湖南日报社新闻影像中心供图）

键是抓产业、抓项目，明年要开展‘产业项目建设年’活动，引导全省各级千方百计谋产业、抓产业”。

按照省委、省政府的决策部署，2018年3月，省委办公厅、省政府办公厅联合印发《推进产业项目建设年活动总体方案》，确立了“产业项目建设年”活动的总体思路，就是要以振兴实体经济、建设现代化经济体系为目标，以供给侧结构性改革为主线，以智能制造为核心，以20个工业新兴优势产业链为重点，以“五个100”为抓手，不断提升产业核心竞争力。

2018年的具体目标，是通过开展“产业项目建设年”活动，力争全省产业投资占全部投资的比重较2017年提高3个百分点以上，战略性新兴产业投资增幅高于全部投资增速，规模工业增加值增长7.5%，研发经费投入强度力争达到1.9%左右，研发一批国内一流、适应市场、引领发展的创新成果，建成一批技术先进、特色突出、国际竞争力较强的现代化产业项目、基地、优势产业链和产业集群，引进一批拥有核心技术、产业带动力强、综合实力雄厚的现代化领军企业，打造一批高素质、高技能、复合型的现代化人才队伍。

·热词点击·

智能制造

智能制造是一种由智能机器和人类专家共同组成的人机一体化智能系统，它在制造过程中能进行智能活动，诸如分析、推理、判断、构思和决策等。通过人与智能机器的合作共事，去扩大、延伸和部分地取代人类专家在制造过程中的脑力劳动。它把制造自动化的概念更新，扩展到柔性化、智能化和高度集成化。

当然，推进产业项目建设，绝非简单的铺摊子，也不是“捡到篮子里的都是菜”的低水平投资。“五个100”的“100”也只是个形象的说法，在实际工作中要力争取得更好的成效。

“五个100”的项目、企业和人才，必须突出重点、精准发力，聚焦产业

·数字点击·

2018年湖南重点建设项目清单

2018年湖南省发展和改革工作会议透露，为支撑全省经济社会持续健康发展，湖南将突出产业发展。根据2018年重点建设项目清单（征求意见稿），全省共192个重点建设项目，总投资逾1.2万亿元，其中2018年计划投资1960.47亿元。这192个项目中，现代产业项目104个，基础设施项目55个，生态环保项目11个，社会民生项目22个。

湖南实施“五个100”时，突出引领性、创新性、规模性和应用性，推动全省产业向中高端水平迈进。上图为湘潭九华经济开发区桑顿新能源科技有限公司生产制造中心高度自动化的生产线（童迪/摄，湖南日报社新闻影像中心供图）；中图为位于宁乡经济技术开发区的长沙格力暖通制冷设备有限公司注塑智能生产车间（郭立亮/摄，湖南日报社新闻影像中心供图）；下图为湖南中南智能装备有限公司打造的智能生产线（王斌/摄）

链条、龙头企业核心技术、成果转化、营商环境、高端人才等关键领域和薄弱环节，精准推动资源合理配置和要素高效集聚，加快新产业、新技术、新业态在湖南布局和扩展，不断培育新动力、增创新优势，促进产业高质量发展。

各级各部门在实施“五个100”时，必须突出引领性、创新性、规模性和应用性，确保立项开工一批、建成投产一批、引进储备项目一批，推动全省产业迈向中高端水平。

经过科学遴选，“产业项目建设年”活动共筛选出重大产业建设项目、重大科技创新项目和重大产品创新项目331个，总投资4689.6亿元。其中，2018年计划投资1210.2亿元、新开工项目137个、计划竣工项目35个、计划引进500强企业项目112个、引进科技创新人才112人。

加强组织协调，纳入全省绩效考核范畴

为高效持续健康推动“产业项目建设年”活动的开展，在顶层设计上加强组织领导，建立省“产业项目建设年”联席会议制度，由省委书记、省长任总召集人，常务副省长、分管工业副省长任召集人，相关部门为成员单位。各市州根据实际成立相应协调推进机制，切实加强对“产业项目建设年”活动的领导。

在具体落实上明确分工、加强协同。比如，100个重大产业建设，要求牵头部门——省发改委分别在上、下半年组织一批项目集中开工；100个重大产

·深度关注·

湖南“产业项目建设年”活动的总体思路

按照省委、省政府决策部署，2018年2月，由省发改委牵头，经相关厅局和专家组讨论，起草了《推进产业项目建设年活动总体方案》，初步确立了“产业项目建设年”活动的总体思路：

全面贯彻党的十九大精神，以习近平新时代中国特色社会主义思想为指导，坚持新发展理念，聚焦高质量发展，牢牢抓住大有可为的历史机遇期，顺应科技革命和产业变革趋势，深入实施“创新引领　开放崛起”战略，以振兴实体经济、建设现代化经济体系为目标，以供给侧结构性改革为主线，以智能制造为核心，以20个工业新兴优势产业链为重点，以“五个100”为抓手，以正向激励为导向，在更高层次、更深程度，加强产业项目建设、加快创新开放步伐，不断提升产业核心竞争力，推动质量变革、效率变革、动力变革，促进“四大体系”“五大基地”建设，为建设富饶美丽幸福新湖南打下坚实基础。

品的创新，要求牵头部门——省经信委围绕“制造强省”建设和转型升级的12大重点产业领域及20个工业新兴优势产业链，编印重大产品创新项目清单；引进100个500强企业，要求牵头部门——省商务厅开展面向“三个500强”（世界500强、中国500强和民营500强）的系列产业主题招商活动。

省直其他相关部门要负责制定支持保障政策措施，各市州负责本地区“产业项目建设年”活动的具体实施。

园区作为“产业项目建设年”活动的主阵地，负责制订项目关键节

湖南将园区作为“产业项目建设年”主阵地，积极为企业项目开工保驾护航。图为长沙麓谷金荣同心国际工业园（邹麟/摄）

点、进度计划和招商引资，确保项目早开工、活动早见效。

对于“五个100”，省里将给予充分的要素保障。比如，优先将符合条件的“五个100”项目纳入省重点建设项目及中央专项支持范围；在建设用地计划指标、耕地占补平衡指标、占用征收林地定额、林木采伐指标等方面，优先向“五个100”项目倾斜；全媒体全方位对“五个100”进行重点宣传，进行跟踪报道。

…观点·声音…

省委部署开展“产业项目建设年”，就是要进一步引导全省上下切实转变发展观念，集中精力谋产业、抓产业、兴产业，加快建设现代化经济体系，不断夯实高质量发展的根基。

——中共湖南省委书记　杜家毫

“产业项目建设年”的提出，是我省经济发展的内在逻辑，也是与湖南现阶段发展方位相适应的现实选择。

——湖南省发展和改革委员会工业处处长　欧阳晓

长沙高新区军民融合，人才富集，园区为我们组织专场人才对接会，帮我们引进关键岗位的核心技术人才，大大缓解了人才紧缺的问题，让我们切身体会到了“保姆式”服务带来的利好。

——湖南高至科技有限公司总经理　张　荣

各级各部门的“产业项目建设年”推进情况，将纳入省政府督查计划及全省绩效考核范畴，实行“一季一调度、半年一督查、全年一考核”。对“五个100”活动中实施推进较快、排名靠前的，予以通报表扬和资金奖励，并在项目布局等方面予以支持；对重视不够、推进不力、进度滞后的，予以通报批评、约谈、挂牌督办、园区降级等处理。

2018年是湖南“产业项目建设年”，全省上下掀起了产业项目建设热潮。上图为2018年3月23日，市级重点水利工程项目——嘉禾县三百磴水库的工程建设者们在紧张施工（黄春涛、李儒雄/摄，湖南日报社新闻影像中心供图）；下图为2018年5月4日，中国兵器江麓机电集团有限公司的工人们在忙着装配传动机械（李健/摄，湖南日报社新闻影像中心供图）

各地迅速反应，掀起产业项目建设热潮

湖南省“产业项目建设年”联席会议办公室迅速围绕“五个100”，统筹推进部门间分工合作，推动重大项目尽快落地、500强企业尽快入驻、科技创新人才尽快到位。

省发改委、省经信委、省科技厅、省商务厅、省人社厅等“五个100”的具体牵头部门快速反应，在省委政研室前期工作的基础上，认真开展项目谋划和实施方案制订。

各市州反应积极，都成立了由市

委、市政府主要领导挂帅的产业项目推进机构，制订印发了各地“产业项目建设年”活动实施方案，确定了一批重点产业项目。各地在投资安排上，进一步优化投资方向和结构，强化产业投资考核。压缩当前不那么急需的城市道路、景观、标志性项目投资，扩大产业投资，提升产业投资比重。

各地相继集中开工一批重点建设、重大产业项目，全省上下掀起了产业项目建设热潮。例如，怀化市22个重点项目集中开工，常德市总投资197亿元的60个重点建设项目集中开工，郴州市108个重大产业项目集中开（竣）工……

2018年4月13日，全省产业项目建设年暨重点建设项目推进会召开，会议通报了一季度“产业项目建设年”活动进度：截至3月底，重大产业建设项目、重大科技创新项目和重大产品创新项目共新开工108个，占年计划新开工项目的78.8%，共完成投资239.2亿元，占年计划的19.8%；引进500强企业新签约产业项目15个，占年计划的13.4%；引进科技创新人才签约并到岗39人，占年计划的34.8%。同时，在“五个100”的带动下，2018年第一季度全省工业投资增长22.9%，同比提高19个百分点，其中技改投资增长21.2%，同比提高26.7个百分点。高新技术产业投资继续保持快速增长，增幅达到21.9%。

·信息链接·

2018湖南“产业项目建设年” 462亿发力智能制造

湖南提出未来将在智能制造产业大踏步前行，提质升级传统制造业，加快培育壮大新兴产业，大力促进互联网、大数据、人工智能同实体经济深度融合，扎实抓好20个工业新兴优势产业链，力争在先进储能材料及电动汽车、3D打印和机器人等5～8个重点领域率先突破，推动全省制造业加速向数字化、网络化、智能化、绿色化方向延伸拓展，努力在中部崛起中形成智能制造高地。在该领域，高新区集聚了国家、省市智能制造示范企业（项目）62个，其中“国字号”智能制造企业数稳居中部园区第一。据悉，长沙高新区产业项目建设的第一目标就投向了智能制造领域。

此次新揽入的项目资本力量和科技含量分量都不轻，既有增长潜力大的战略性新兴产业项目，又有高精尖的特色产业项目；既有存量产能的规模扩张，又有增量引进的总部落户。如杉杉能源年产10万吨的正极材料生产基地项目，拟投资200亿元（含流动资金）；中联重科环境产业有限公司投资30亿元建设环境产业智能制造产业园；彩虹集团公司投资4.5亿元建设彩虹智能制造及大数据平台；南京中电熊猫信息产业集团也将在此建设智能制造机器人项目等，总投资超462亿元。

据介绍，这些重大项目将进一步促进智能制造产业链发展，为长沙高新区率先建设“五千亿级”园区、实现经济高质量发展提供强劲动力，助推湖南湘江新区打造全省产业高地，对于长沙振兴实体经济、打造全国智能制造中心意义重大。

5

乡村振兴加油干

——湖南怎样细化落实中央1号文件

热点导读

乡村振兴作为2018年中央1号文件的关键词，是党和国家管长远的大战略。为落实中央1号文件精神，让三湘四水所有乡村都振兴起来，湖南出台了一系列细化举措：加强和改善党的领导，建立一支懂农业、爱农村、爱农民的工作队伍；以农业“百千万”工程为抓手，着力推进农业产业兴旺；不断改善农村民生，创造生态宜居、生活富裕的幸福生活；坚持走乡村善治之路，着力打造共建共治共享的乡村治理新格局。

邀请中外“达人”在墙壁、地面涂鸦，流转土地打造“四季花海”……地处洞庭湖腹地的南县罗文村为了加快发展，奇招迭出，成效显著。2017年，全村实现创意旅游综合收入4500多万元，村民人均可支配收入达19628元，超出全县农村居民人均可支配收入近20%。可以说，如今的罗文村，产业兴旺、生态宜居、乡风文明、治理有效、生活富裕，已成为湖南乡村振兴的样板之一。

湖南深入实施乡村振兴战略，因地制宜发展绿色生态旅游产业。图为因举办“罗文花海”特色民居涂鸦创意大赛而闻名的南县罗文村（徐行/摄，湖南日报社新闻影像中心供图）

乡村振兴作为2018年中央1号文件的关键词，是党和国家管长远的大战略。就湖南来看，全省一共24000多个行政村，有一部分已经像罗文村一样振兴起来，大多数行政村正打算撸起袖子加油干，极少数行政村则尚处于脱贫攻坚阶段。为落实中央1号文件精神，让三湘四水所有乡村都振兴起来，湖南出台了一系列细化举措。

加强和改善党的领导，建立一支懂农业、爱农村、爱农民的工作队伍

办好农村的事情，关键在党。实施乡村振兴战略，湖南从加强和改善党对“三农”工作的领导抓起。全省上下坚决落实党管农村工作重大原则，健全完善党委统一领导、政府负责、党委农村工作部门统筹协调的农村工作领导体制，认真落实中央统筹、省负总责、市县抓落实的工作机制，落实五级书记抓乡村振兴的要求。

湖南将建立健全责任落实、实绩考核和年度评估机制，把“抓党建促振兴”作为考核评价领导班子和选拔任用领导干部的重要依据。把“三农”人才培养纳入全省“芙蓉人才计划”，作为其重要内容，把到农村一线锻炼作为培养干部的重要途径，大力实施“固基、兴业、扶才”工程，建立一支懂农业、爱农村、爱农民的“三农”工作队伍。

农村工作干部要真正深入群众，真心依靠群众，真情关爱群众，真诚服务群众，提高农村工作本领。要坚持解放思想，努力破除体制机制弊端，突破利益固化藩篱，让农村资源要素活化起来，

为贯彻落实中央精神，湖南省委、省政府制定了2018年省委1号文件，对实施乡村振兴战略做了全面部署。图为2018年4月25日，湖南举行2018年省委1号文件政策解读新闻发布会（湖南省人民政府新闻办公室供图）

·数字点击·

党的十八大以来湖南“三农”工作成就显著

2012—2017年是湖南农业发展最快、农村变化最大、农民得到实惠最多的时期，“三农”工作成就显著。

一、建成1084个美丽乡村示范村。5年来，湖南着力实施“百城千镇万村”新农村建设工程，新农村建设取得明显成效。全省已建成美丽乡村示范村1084个，其中省级授牌的美丽乡村示范村210个，约1.2万个村基本达到新农村建设要求。

二、领证的新型职业农民4.17万人。湖南大力培育新型经营主体，着力建立现代农业新型经营体系。通过实施两个“百千万”工程，5年来，累计认定家庭农场3.12万户，领证的新型职业农民4.17万人，发展农民合作社7.3万个，入社成员305.7万户，占全省农户总数的22.1%，带动农户363.7万户。

三、24个县市区试点农村“三产融合”。5年来，湖南把现代农业特色产业园建设作为“三产融合”样板区，认真组织实施“千园”工程，启动创建100个现代农业综合产业园，创建认定430个农林业特色产业园，带动市县创建农业产业园926个，加快推动了全省10大农业特色优势产业区建设。在24个县市区开展农村一二三产业融合试点，总结推广了一批融合发展新典型、新技术、新模式。

让广大农民的积极性和创造性迸发出来，让全社会支农、助农、兴农力量汇聚起来。

以农业“百千万”工程为抓手，着力推进农业产业兴旺

乡村振兴首先就是要实现产业兴旺。湖南以农业“百千万”工程为抓手，大力实施品牌强农、特色强农、质量强农、产业融合强农、科技强农、开放强农六大行动，大力推进质量变革、效率变革、动力变革，推动农村一二三产业融合发展，提升“湘”字号农业品牌影响力、农产品市场竞争力，提高农业产业化经营水平，促进农业产业兴旺，推动湖南由农业大省向农业强

为了贯彻落实湖南省政府发布的《关于深入推进农业“百千万”工程促进产业兴旺的意见》，2018年5月8日，湖南湘西州金融助推农业“百千万”工程动员大会在吉首召开。图为动员大会现场（红网供图）

省转变。

2018年4月，省政府发布《关于深入推进农业“百千万”工程促进产业兴旺的意见》明确提出：围绕打造区域公用品牌、特色农产品品牌、知名企业品牌，实施“百企千社万户”现代农业发展工程，到2020年，推动100家以上涉农企业在省区域性股权交易市场挂牌，培育1000家有实力、有品牌、运行规范、与社员利益联结紧密的农民专业合作社示范社，发展10000户产业特色明显、经营管理规范、综合效益好、带动能力强的家庭农（林）场示范场；实施“百片千园万名”现代农业科技工程，到2020年，建设100片优质农副产品供应示范基地，推动创建1000个现代农业特色产业园，招募科技

·深度关注·

中共中央 国务院关于实施乡村振兴战略的目标任务

按照党的十九大提出的决胜全面建成小康社会、分两个阶段实现第二个百年奋斗目标的战略安排，实施乡村振兴战略的目标任务如下：

到2020年，乡村振兴取得重要进展，制度框架和政策体系基本形成。农业综合生产能力稳步提升，农业供给体系质量明显提高，农村一二三产业融合发展水平进一步提升；农民增收渠道进一步拓宽，城乡居民生活水平差距持续缩小；现行标准下农村贫困人口实现脱贫，贫困县全部摘帽，解决区域性整体贫困；农村基础设施建设深入推进，农村人居环境明显改善，美丽宜居乡村建设扎实推进；城乡基本公共服务均等化水平进一步提高，城乡融合发展体制机制初步建立；农村对人才吸引力逐步增强；农村生态环境明显好转，农业生态服务能力进一步提高；以党组织为核心的农村基层组织建设进一步加强，乡村治理体系进一步完善；党的农村工作领导体制机制进一步健全；各地区各部门推进乡村振兴的思路举措得以确立。

到2035年，乡村振兴取得决定性进展，农业农村现代化基本实现。农业结构得到根本性改善，农民就业质量显著提高，相对贫困进一步缓解，共同富裕迈出坚实步伐；城乡基本公共服务均等化基本实现，城乡融合发展体制机制更加完善；乡风文明达到新高度，乡村治理体系更加完善；农村生态环境根本好转，美丽宜居乡村基本实现。

到2050年，乡村全面振兴，农业强、农村美、农民富全面实现。

服务团队带动10000名科技人员服务农业农村。

为深入推进农业“百千万”工程，促进产业兴旺，省政府在文件中明确提出了一系列“真金白银”式的具体扶持措施：按照资源禀赋、发展潜力、培育前景等条件，每年在全省筛选2～3个区域公用品牌进行重点扶持，每个品牌连续扶持3年，省财政对每个区域公用品牌营销资金每年支持不低于1000万元；每年支持建设特色优势明显、产业基础好、发展潜力大、带动能力强、符合绿色有机农产品生产要求的省级优质农副产品供应示范基地（示范片）30个以上，3年共建设100个以上示范基地（示范片），省财政对每个示范基地（示范片）支持不低于1000万元；整县推进农村一二三产业融合发展试点，每年支持10个左右县在农业生产、加工、物流、研发、示范、服务等环节深度融合，每个县支持1000万元……

湖南大力实施品牌强农、特色强农等六大行动，加快推进全省农业品牌建设，2017年在全省范围内评选出“湖南十大农业区域公用品牌”。图为入选的祁阳黄花菜（上）、永州冰糖橙（中）、武冈铜鹅（下）（湖南省人民政府新闻办公室供图）

不断改善农村民生，创造生态宜居、生活富裕的幸福生活

推进乡村振兴，实际上就是要解决发展不平衡、不充分的问题。湖南从多方面入手，不断改善农村民生，为农民创造生态宜居、生活富裕的幸福生活。

把打赢脱贫攻坚战作为推进乡村振兴的底线任务。过去5年，湖南共减少农村贫困人口551万，贫困发生率由2012年底的13.43%下降到3.86%。目前，全省还有200万农村贫困人口，要扎实推进精准扶贫、精准脱贫基本方略落实落地，集中力量攻克深度贫困堡垒，充分激发贫困群众内生动力，决不让一名贫困群众在乡村振兴中落伍掉队。

…观点·声音…

省委1号文件最大亮点就是抓住产业兴旺这个乡村振兴的关键，明确把打造以精细农业为特色的优质农副产品供应基地作为主攻方向，提出实施品牌强农、特色强农、质量强农、产业融合强农、科技强农、开放强农六大行动，使湖南促进产业兴旺有了具体的战略措施，为增强乡村发展内生动力、夯实乡村“五位一体”建设的物质条件提供了坚实保障。

——湖南省社会科学院研究员　陈文胜

小农户要和现代农业有机衔接，肯定要提高小农户的素质。习近平同志在党的十九大报告中提出“培养造就一支懂农业、爱农村、爱农民的‘三农’工作队伍”，就抓住了提高农户素质的重要手段。目前，湖南在农村种地的大多是老年人，这一点尤为重要，要加强农民身边工作队伍的建设，这支队伍应该是有感染力、带动力、服务力的工作队伍。

——湖南省社科院农村发展研究中心执行主任　王文强

最近两年走访了湖南的很多乡村，发现现在的很多乡村在环境治理、产业发展、文化氛围和幸福感上都得到了全面提高，让人印象深刻。可见咱们的乡村振兴工作真的是落到了实处。

——红网时刻网友　“快乐漫步”

湖南把补齐农村基础设施和公共服务短板作为推进乡村振兴的紧迫课题，开展了乡镇卫生院和村卫生室建设三年行动计划。图为新建的武冈市四清村卫生室（刘小幸/摄）

把补齐农村基础设施和公共服务短板作为推进乡村振兴的紧迫课题。落实中央1号文件精神，湖南继续把公共基础设施和社会事业发展重点放在农村，推动农村水、电、路、气、讯、物流等建设全面提速，推进义务教育农村薄弱学校改造工程，开展乡镇卫生院和村卫生室建设三年行动计划，实现村村通动力电、组组通硬化路、户户通互联网、人人饮上安全水，加快打造全民覆盖、普惠共享、城乡一体的公共服务体系。

把生态宜居作为满足人民群众美好生活需要、推进乡村振兴的重要目标。湖南坚持以绿色发展引领乡村振兴，加强农村生态环境保护和治理，深化山水林田湖草系统治理，整县推进畜禽养殖废弃物资源化利用，切实抓好农业面源污染整治、农村房屋改造和人居环境改善，让生态宜居的美丽乡村成为湖南发展的鲜明底色和靓丽名片。

坚持走乡村善治之路，着力打造共建共治共享的乡村治理新格局

实现有效治理是推进乡村振兴的固本之策。湖南将坚持走乡村善治之路，突出抓基层、打基础，注重现代治理理念、手段和传统治理资源相结合，着力打造共建共治共享的乡村治理新格局。

进一步夯实基层基础。湖南将全面深化农村基层党支部“五化”建设，选优配强村党组织书记，注重从农村致富能手、复员退伍军人、返乡大中专毕业生、外出务工经商人员中发展党员，吸引高校毕业生、农民工、机关企事业单位优秀党员干部到村任职，把农村基层党组织建设成坚强战斗堡垒。

进一步深化农村改革创新。按照扩面、提速、集成的要求，湖南全面梳理对接中央重大改革举措，探索宅基地“三权分置”等改革，推进涉农资金整合、农村金融改革等各项改革，统筹培育新型经营主体和促进小农户与现代农业的有机衔接，不断激活农村资源要素，汇聚全社会支农助农兴农力量。

进一步完善乡村治理机制。湖南健全村党组织领导下的村民自治制度，抓好村务公开“亮栏”工程等村务规范化建设，扎实开展法治乡村、平安乡村创建，健全多元纠纷解决机制，深入开展扫黑除恶专项斗争，着力构建自治为基、法治为本、德治为先的乡村治理体系。以社会主义核心价值观为引领，开展“优秀家训家规进万家”、德孝文化“五进”等活动，让清风正气充盈乡间沃野，让优良家风滋润千家万户。

·信息链接·

湖南推进农村产业兴旺的具体战略措施

2018年，湖南省政府工作报告把乡村振兴重点放在了推进农村产业兴旺上，具体战略措施如下：

增强农业综合生产能力。坚持藏粮于地、藏粮于技，严守耕地红线，加强土地整治和中低产田改造，新建高标准农田364万亩，新增高效节水灌溉面积33万亩，稳定粮食等主要大宗农产品生产。

推进产业强农。重点打造10个现代农业特色产业集聚区；发展多种形式的适度规模经营，培育种养大户、家庭农场、合作社等新型农业经营主体，推广代耕代种、联耕联种、统防统治等社会化服务。促进农村一二三产业融合发展，提高农产品精深加工水平，培育农产品加工龙头企业，积极发展林下经济和休闲农业、森林康养、乡村旅游。

推进质量强农。建设南繁科研育种园，加强超级稻研究协作攻关与示范推广。支持发展“三品一标”农产品，加快培育“十大农业区域公用品牌”“十大农业企业品牌”，大力实施“湖南优质粮油”工程。深入开展化肥农药使用量零增长和有机肥替代化肥行动，提高畜禽养殖废弃物资源化利用水平，推进农作物秸秆综合利用。全程监管农产品质量安全。

推进互联网强农。实施“互联网+现代农业”，打造本土电商平台，扶持10个县级电商服务示范中心，推广“益村平台”模式，健全村级电商服务体系。推进快递下乡。

6

书写三湘大地的辉煌

——改革开放40年给湖南人民带来了哪些实惠

>> 热点导读 <<

2018年是中国改革开放40年。这40年，是三湘大地发生巨变的40年，更是老百姓获得感、幸福感和满足感不断提升的40年。改革开放40年给湖南人民带来了看得见的实惠：一是经济大发展，老百姓的生活“富起来”；二是社会大变化，老百姓的生活“好起来”；三是生态大改善，老百姓的生活环境“优起来”；四是文化大繁荣，老百姓的文化生活“美起来”。随着全面深化改革新征程的再出发，三湘儿女的生活将会更精彩、更美好、更实惠！

“以前过年就是‘过关’，年关一近，就得想着法子置办年货，不但要走个几里地去镇上买年货，有时候还要借钱、借票。现在不一样了，生活好了，过年想买什么就买什么，家里还买了汽车，想去哪里就去哪里。”家住长沙市望城区旺旺社区的廖大妈在讲到过年的变化时，言语中充满了幸福感。过年，这个老百姓眼中最盛大、最隆重、最具传统意味的节日，伴随着改革开放40

年的脚步，已经悄然发生了变化。而这，仅仅是改革开放40年来老百姓生活翻天覆地变化的一个缩影。

2018年是中国改革开放40年。40年来，湖南各行各业各条战线不断深化改革、扩大开放，不断谱写富民强省的崭新篇章，湖南老百姓的日子也越过越精彩、越过越红火。那么，改革开放40年，到底给湖南人民带来了哪些实惠呢？

实惠一：经济大发展，老百姓的生活“富起来”

40年来，湖南经济发展从注重速度到又快又好再到

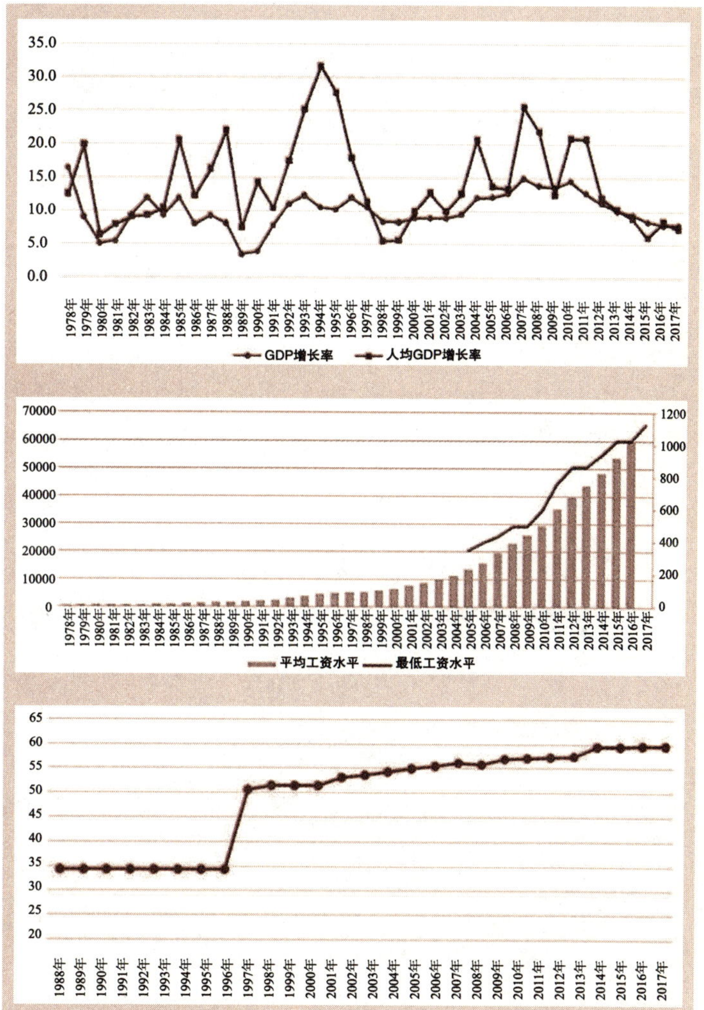

改革开放40年来，湖南经济发生了翻天覆地的变化。上图为1978—2017年湖南GDP增长率和人均GDP增长率（单位：%）；中图为1978—2017年湖南平均工资水平、最低工资水平情况（单位：元）；下图为1988—2017年湖南历年森林覆盖率（单位：%）

· 热词点击 ·

恩格尔系数

恩格尔系数（Engel's Coefficient）是指食品支出总额占个人消费支出总额的比重。它是衡量一个家庭或一个国家富裕程度的主要标准之一。一般来说，在其他条件相同的情况下，恩格尔系数越大，一个国家或家庭生活越贫困；反之，恩格尔系数越小，生活越富裕。

又好又快，经济实力不断迈上新台阶。经济总量从1978年不足150亿元，到2008年跻身“万亿俱乐部”，2016年已突破3万亿元；城镇居民和农村居民人均可支配收入分别由1978年的324元、143元增加到2017年的33948元、12936元；衡量居民生活水平高低的重要指标恩格尔系数更是从1978年的60%多下降到2017年的29.2%。

40年来，随着经济的发展，老百姓的收入越来越高，生活发生了巨大变化。从以前怕过年、盼过年到现在天天像过年，从千篇一律的“中山装”“灰裙子”“蓝海洋绿海洋”到大喇叭裤、蝙蝠衫、健美裤、连衣裙……从难有机会上酒楼到进餐馆成“家常便饭”，从蜗居斗室到广厦千万间，从求温饱到讲究营养均衡、粗细搭配……这鼓起来的钱袋子、丰起来的菜篮子、精起来的饮食、多起来的私人轿车、靓起来的服饰等等，无不显现出改革开放给三湘大地带来的巨大变化，折射出潇湘儿女共同享受改革开放成果、日子越过越富足的美好情景。

实惠二：社会大变化，老百姓的生活“好起来”

40年来，湖南各项社会事业蓬勃发展。在教育方面，从几近凋零百废待兴，到成长为教育大省并努力向教育强省昂然迈进。2007年，

改革开放40年来，三湘儿女尽享改革开放成果，日子越过越富足。图为长沙市开福区沙湖桥农贸市场，市民在选购丰富的农副产品（徐行/摄）

九年义务教育全面普及，小学适龄儿童入学率2017年高达99.98%；高中阶段教育取得长足发展，毛入学率从1978年的不足10%提高到2017年的91.5%；高等教育规模迅速扩张，从1978年的每座省辖城市仅一所学制两年的基础大学，到2017年普通高校增至109所。在交通方面，从40年前的“开门就是山，抬头就是坡，迈步就是坎”，到40年后的水陆空立体交通枢纽网络。2017年，全省公路通车里程达24万公里，铁路营业里程4697.6公里，民航旅客周转量达171.1亿人公里，私人汽车保有量636万辆。在社会保障方面，养老、失业、医疗、工伤、生育保险从无到有、从弱到强、从城镇到农村、从职业人群到城乡居民，社会保障体系不断完善。在医疗方面，2017 年，全省卫生机构拥有床位31.9万张、卫生技术人员41.6万人，分别比1978年多出20.76万

…观点 · 声音…

过去我们坐汽车（从长沙）去韶山通常要4个小时左右。现在韶山通了高铁，只需20分钟即可从长沙抵达韶山。韶山“路”的变化，从一个侧面反映了衣食住行的变化，我们从中感到了满满的获得感。

——新华社湖南分社退休高级记者 杨善清

和40年前相比，现在的生活好了太多。就拿粮食来说，杂交水稻出现以后的水稻亩产量以前想都不敢想。现在农业税也取消了，村民还能领取惠农补贴。

——长沙县开慧镇葛家山村村民 李取如

改革开放初期，我去上海学裁缝。那时候，人们都是请裁缝上门做衣服，裁缝用自行车驮着缝纫机到处跑。改革开放40年后，大家早已习惯了直接上商场买衣服，做衣服的少了，缝纫机也早已升级换代，老式缝纫机已经成为古董。

——服装店老板 赵金平

张、30.06万人。公共卫生服务体系建设不断加强，“病有所医”的目标逐步实现。

40年来，民生不断改善。从“人人想读书”到“人人有书读”再到实行九年制义务教育的“人人免费读书”，从解决“教育的温饱问题”到“没有围墙的大学”，从“黑屋子、土台子、泥凳子”到窗明几净，从“小病靠扛大病看天”到“病有所医”，从“养儿防老”到“社会养老”的“老有所养”……无论是教育、出行，还是医疗、养老，又或是就业、治安，老百姓的生活越来越没有后顾之忧，越来越有获得感。

实惠三：生态大改善，老百姓的生活环境“优起来”

40年来，湖南在大力促进经济发展的同时也十分重视资源环境的保护，特别是省第九次党代会以后，更加注重处理好经济增长和环境保护、经济增长和资源能源的关系，既要“金山银山”又要“绿水青山”。从转变经济发展方式到调整经济结构，从关闭重污染企业到治理中小污染企业，从长株潭两型社会建设到“绿色湖南”建设，从实施洞庭湖区、湘江流域污染整治到全面完成城镇污水处理设施建设，从加强植树造林和森林资源保护到打响“蓝天保卫战”……湖南的天空越来越蓝，水越来越绿，空气越来越清新。全省森林覆盖率由1978年的38.9%提高到2017年的59.68%，全省14个市州城市的空气平均优良天数比例为81.5%，监测的345个地表水断面中，达到Ⅲ类标准的比重高达93.6%。

就拿母亲河湘江来说，在有的地段，以前往江水里排废水的、乱扔垃圾的，在里面挖沙的、洗澡的都有，江水浑浊，死鱼、死虾经常出现。现在湘江全流域水质清澈，两岸道路宽敞，沿江风光带风景宜人，走在江边赞美之情油然而生。40年来，翻开湖南生态环境发展的绿色地图，老百姓随处可见绿树成荫的公园，风景如

·深度关注·

我国加快构建现代公共文化服务体系的主要目标

为贯彻党的十八届三中全会审议通过的《中共中央关于全面深化改革若干重大问题的决定》的有关要求，中共中央办公厅、国务院办公厅印发了《关于加快构建现代公共文化服务体系的意见》，提出加快构建现代公共文化服务体系的主要目标：

到2020年，基本建成覆盖城乡、便捷高效、保基本、促公平的现代公共文化服务体系。公共文化设施网络全面覆盖、互联互通，公共文化服务的内容和手段更加丰富，服务质量显著提升，公共文化管理、运行和保障机制进一步完善，政府、市场、社会共同参与公共文化服务体系建设的格局逐步形成，人民群众基本文化权益得到更好保障，基本公共文化服务均等化水平稳步提高。

近年来，湖南践行“绿水青山”就是“金山银山”的理念，将三湘大地装扮成一幅精美画卷。图为美丽的湘江西岸（湘江新区发展集团供图）

画的广场和生机盎然的绿地，蓝天、绿水、青山、白云，将湖湘大地装扮成一幅色彩斑斓、五光十色的精美画卷。越来越美丽的新湖南让老百姓切实感受到了生活环境的优化，家园越来越充满生机与活力。

实惠四：文化大繁荣，老百姓的文化生活“美起来”

40年来，有着深厚湖湘文化底蕴的湖南迎来了文化大繁荣、大发展的春天。截至2017年底，全省有艺术表演团体439个，群众艺术馆、文化馆143个，公共图书馆137个，博物馆、纪念馆115个，广播综合人口覆盖率98.49%，电视综合人口覆盖率99.3%，“电视湘军”“出版湘军”“理论湘军”“演艺湘军”“报业湘军”快速发展，“湖南文化现象”享誉全国，已步入文化强省行列。

就拿很多长沙老戏迷来说，以前看戏不但地方少、票难买，还需要一笔不小的开支。每次碰到一场好戏，都得先掂量掂量。而现在，在自己家门口就能看到各种文艺节目，对老百姓来说，这就是家门口的幸福感。40年来，湖南文化的发展有目共睹，湖南公共文化建设的发展成效显著。“欢乐潇湘”群众文艺汇演，百姓唱主角，草根当明星，成了三湘百姓的“星光大道”；“雅韵三湘”高雅艺术普及推广活动，每年超过200场的演出，让群众在家门口就可以欣赏高雅艺术；农家书屋在农村的全覆盖，缓解了广大群众“看书难、借书难、买书难”的问题；“送戏下乡、演艺惠民”“村村响”“户户通”，让越来越多的偏远农村可以看上大戏、看上电视、听上广播。图书馆

改革开放以来，湖南公共文化建设发展显著。图为2018年3月30日，“雅韵三湘·音乐经典”湖南音乐季开幕式音乐会在湖南音乐厅上演（李健/摄，湖南日报社新闻影像中心供图）

多了、博物馆多了、体育馆多了、电影院多了、电视节目多了……一系列文化为民、文化惠民、文化乐民的生动实践，让老百姓看书不再少、看戏不再远、休闲不再难，文化生活变得越来越丰富，日子过得越来越有滋有味。

风雷激荡40年，天翻地覆慨而慷。改革开放40年，是三湘大地发生巨变的40年，更是老百姓获得感、幸福感和满足感不断提升的40年。我们相信，随着全面深化改革新征程的再出发，三湘儿女的生活将会更精彩、更美好、更实惠！

·信息链接·

从4份报告看湖南改革历程

1988年的湖南省政府工作报告提出，在湘南的衡阳、郴州和零陵（今永州）地区，建立一个改革开放试验区。当年5月，经国务院批复，“湘南改革开放过渡试验区”正式设立。

1998年的湖南省政府工作报告提出，优先发展以长沙为中心的“一点一线”，即以长株潭为核心点，以衡阳、岳阳为两翼，沿京广线城市打造重点发展区域。

2008年的湖南省政府工作报告提出，充分发挥湘南开放开发区的作用，在湘南地区培育一批产业转移和加工贸易基地。长株潭城市群于2007年底获批全国两型社会改革试验区，2008年的省政府工作报告中，“两型社会”一词出现了10多次。

根据2018年的湖南省政府工作报告，湖南区域发展呈现四大板块新格局：长株潭地区生产总值占全省比重达41.5%，洞庭湖生态经济区加快建设，湘南地区承接产业转移示范效应加速显现，大湘西地区基础设施大幅改善。

7

打赢蓝天保卫战

——湖南如何深入开展大气污染防治

>> 热点导读 <<

改善生态，就是改善民生。近年来，湖南按照创新、协调、绿色、开放、共享的发展理念，以改善空气质量为核心，以降低污染物排放为主线，统筹兼顾、标本兼治，采取行政、市场、经济、科技等综合手段，着眼“抓重点、强弱项、补短板”，打好蓝天保卫的“攻坚战、运动战、持久战”，让三湘大地蓝天常在、白云常驻。

2018年以来，越来越多的人发现，长沙人在朋友圈晒得最多的是“长沙蓝”。有关部门的统计数据对这一现象给出了“注脚”——截至6月13日，剔除5天北方沙尘天气影响，长沙2018年空气质量优良天数累计达120天，较2017年同期增加3天；优良率达75.5%，同期提升4.2个百分点。

“长沙蓝”的屡屡刷屏与人民群众的由衷“点赞”，正是湖南蓝天保卫战初战告捷的精彩“缩影”。

近年来，湖南着力治理大气环境，让“浅蓝”变“深蓝”、“局部蓝”变“全省蓝”，成效显著。图为蓝天白云掩映下的湘江新区江滩公园（湖南湘江新区发展集团供图）

改善生态，就是改善民生。打赢蓝天保卫战，消除人民群众的“心肺之患”，让良好的生态环境成为最普惠的民生福祉，是建设富饶美丽幸福新湖南的题中应有之义。近年来，湖南按照创新、协调、绿色、开放、共享的发展理念，以改善空气质量为核心，以降低污染物排放为主线，统筹兼顾、标本兼治，采取行政、市场、经济、科技等综合手段，着眼“抓重点、强弱项、补短板”，打好“三大战役”，让“浅蓝”变“深蓝”、“局部蓝”变“全省蓝”，使人民群众的蓝天幸福感全面增强。

一是着眼“抓重点”，打赢蓝天保卫的“攻坚战”

“打蛇打七寸。”打赢蓝天保卫战，重在精准，关键在聚焦重点治理，打好“攻坚战”，湖南主要在推进重点领域、重点时段、重点区域的大气污染防治上下功夫。

攻坚重点领域，主要是加强工业、城建、交通等重点行业的治理。在工业领域，推进火电、钢铁、水泥、有色行业污染深度治理，确保大气污染物达标排放。在城建领域，强力控制扬尘污染，严格落实工程建设扬尘控制标准，严控道路扬尘污染，严抓渣土运输和消纳管理。在交通领域，倡导绿色出行、低碳出行。全力淘汰黄标车，采取强制报废、“提前退休”等方法，仅2017年全省就淘汰黄标车12万余辆，黄标车基本“驶出”了人们的

·深度关注·

我国全面加强生态环境保护　坚决打好污染防治攻坚战的总体目标

2018年6月24日公布的《中共中央　国务院关于全面加强生态环境保护　坚决打好污染防治攻坚战的意见》，确立了全面加强生态环境保护、坚决打好污染防治攻坚战的总体目标，即到2020年，生态环境质量总体改善，主要污染物排放总量大幅减少，环境风险得到有效管控，生态环境保护水平同全面建成小康社会目标相适应。

具体指标：全国细颗粒物（PM2.5）未达标地级及以上城市浓度比2015年下降18%以上，地级及以上城市空气质量优良天数比率达到80%以上；全国地表水Ⅰ—Ⅲ类水体比例达到70%以上，劣Ⅴ类水体比例控制在5%以内；近岸海域水质优良（一、二类）比例达到70%左右；二氧化硫、氮氧化物排放量比2015年减少15%以上，化学需氧量、氨氮排放量减少10%以上；受污染耕地安全利用率达到90%左右，污染地块安全利用率达到90%以上；生态保护红线面积占比达到25%左右；森林覆盖率达到23.04%以上。

通过加快构建生态文明体系，确保到2035年节约资源和保护生态环境的空间格局、产业结构、生产方式、生活方式总体形成，生态环境质量实现根本好转，美丽中国目标基本实现。到本世纪中叶，生态文明全面提升，实现生态环境领域国家治理体系和治理能力现代化。

…观点·声音…

打赢蓝天保卫战具有标志性意义，如果大气污染防治战役都打不赢的话，其他方面的环保战役就更考验能力了。

——国务院发展研究中心资源与环境政策研究所副所长　常纪文

湖南的环境治理要学习、吸收国内先进省市的治理经验和做法，湖南也会在专家委员会的指导下，加强对空气质量治理的研究和部署，重点为解决长株潭地区的空气质量问题提供方案。

——湖南省环保厅党组书记、厅长　王一鸥

蓝天保卫战意义重大，等我伤好了，还将一如既往地投入蓝天保卫战中。

——长沙县行政执法局执法人员　傅正义

视野；加强并改善城市交通管理，优化道路和公共交通线路设置，保障人行道和非机动车道的连续、畅通，方便公众选择公共交通、自行车、步行的方式出行，减少机动车排放污染；推进城市公交电动化，以公交“换芯”实现城市“换肺”，株洲市成为全国首个公交电动化城市，长沙已投入运营2000多台纯电动公交车，一大批“零排放”电动公交车穿梭在城市中心，把“绿色理念”装上了车轮。

攻坚重点时段，主要是加强重污染天气、节假日、夜间等重点时段治理。湖南建立了重污染天气应急管理制度，实施了蓝色、黄色、橙色、红色四级重污染天气预警以及相应的应急响应措施。加强节假日面对公众的气象服务，利用现代通信手段开辟气象信息传播“绿色通道”。针对夜间部分城市出现重度污染的情况，对大气污染物排放大户采取停产、限产、错峰生产等措施，加强扬尘控制，在城市建成区和城乡接合部所有土石方开挖、运输作业暂停夜间施工，加强城市道路机械清扫、洒水频次，全力缓解夜间大气污染。

攻坚重点区城，主要是加强主城区、产业集聚区、城乡接合部等重点区域治理，落实“网格化”监管措施。对于主城区，主要是向源头防控发力，强化城市环境管理。如长沙市明确要求做好“六控”：控尘、控车、控排、控烧、控煤、控油。产业集聚区则是一手控增量，严格高污染产业项目准入；一手限存量，加快推进高污染行业污染深度治理，减少工业企业大气污染物的排放，加强对工业企业的执法检查。城乡接合部由于城乡土地交叉、农民居民生活交叉、行政管理交叉，因而既是城市发展最有活力和最难管理的区域，往往也是城市环境污染最严重的地区，主要是通过严格的“网格化”管理，加强面源污染防治，同时实施城市及周边“增绿扩湿”行动，不断扩大森林面积和湿地面积，打造生态宜居城市。

湖南各地强力推进环境治理，积极部署蓝天保卫战行动。图为2018年2月10日，长沙市召开2018年蓝天保卫战工作领导小组第一次会议（胡晶晶/摄）

二是着眼“强弱项”，打赢蓝天保卫的“运动战”

目前，湖南蓝天保卫战虽然取得了显著成效，但形势依然严峻——全省还没有一个地级及以上城市达到国家空气质量二级标准，这已成为全省大气环境治理中最明显的“弱项”。面对挑战，需要创新“战法”，有的放矢，以“运动战”啃下“硬骨头”。

“运动战”之一：实施“蓝天保卫战”三年行动计划。按照《湖南省“蓝天保卫战”实施方案（2018—2020年）》的要求，建立健全大气环境管理体系，强力推进工业污染防治、移动源污染防治、扬尘综合整治、面源综合防治等主要工作措施。目标是到2020年，全省城市环境空气质量优良天数比例达到83%以上；郴州、张家界、益阳、吉首等城市达到国家空气质量二级标准；全省基本消除重污染天气。蓝天保卫战三年行动计划的实施，可望带来湖南空气质量较大程度的好转。

“运动战”之二：实施长株潭大气污染防治特护期。长株潭地区是湖南经济最发达的地区，也是大气质量最差的地区，特别是冬春季重污染天气频发，成为湖南大气环境质量改善的重点和难点。为此，湖南决定将每年的10月16日至次年的3月15日确定为长株潭大气污染防治特护期。在此期间，在继续抓好现有大气污染防治措施落实的基础上，以更加坚定的决心、更加严格的要求、更加严厉的执法、更加有力的配合，强力推进长株潭地区大气污染防治特护期联防联控，并将联防联控范围扩展到岳阳、常德、益阳3个传输通道城市，减少区域大气污染物排放总量，减少重污染天气发生频次，减轻重污染天气影响，强化、细化重污染天气应对措施，全面提升区域大气污染防治整体水平，改善城市大气环境质量，减轻对人民群众身体健康的影响。

“运动战”之三：提高公众参与程度。利用各种新闻媒体，及时发布环境空气质量状况及预警信息，宣传大气污染防治相关政策措施及科普知识，引导公众从点滴做起、从身边的小事做起，提高全民环保意识和实践能力，在全社会树立起“同呼吸、共奋斗”的行为准则。积极开展绿色家庭、绿色社区、绿色单位创建，推动社会公众形成绿色的生活和消费方式，共同改善空气质量。

·数字点击·

湖南2018—2020年大气污染防治的工作目标

为打好“蓝天保卫战”，切实做好湖南2018—2020年大气污染防治工作，《湖南省“蓝天保卫战”实施方案（2018—2020年）》确立了具体工作目标：

1. 到2018年，全省PM2.5年均浓度下降至44μg /m3以下，城市环境空气质量优良率达到82%以上，实现地级城市环境空气质量达标零突破。

2. 到2019年，全省PM2.5年均浓度下降至42μg /m3以下，城市环境空气质量优良率达到82.5%以上，2～3个地级城市实现环境空气质量达标。

3. 到2020年，全省PM2.5年均浓度下降至40μg /m3以下，达到全国平均水平，城市环境空气质量优良率达到83%以上;郴州市、张家界市、益阳市、吉首市等城市实现环境空气质量达标。全省二氧化硫、氮氧化物和挥发性有机物都较2017年下降9%以上。

为落实“蓝天行动计划”，湖南各地科学描划精准施策，多措并举打出组合拳。图为长沙县湘龙街道主办的“我心目中的蓝天”微宣讲复赛现场（范远志/摄，湖南日报社新闻影像中心供图）

三是着眼“补短板”，打赢蓝天保卫的“持久战”

“病来如山倒，病去如抽丝。”大气污染不是一朝一夕形成的，打赢蓝天保卫战，也不可能毕其功于一役，需要持续发力、久久为功。对湖南来说，要着眼“补短板”，打好产业转型升级、制度机制建设、治理科技创新、绿色文化培育的“持久战”。

打好产业护蓝的“持久战”。大气污染的治本之策就是坚持绿色发展理念，努力推动高质量发展。产业转型升级对于雾霾治理可以起到“釜底抽薪”之效。在这方面，湖南出台了推进供给侧结构性改革、促进产业转型升级的规划，提出要通过绿色发展，使全省单位工业增加值能耗到2020年比2015年下降18%、二氧化碳排放量比2015年下降18%。其主要措施是做好产业转型的“加减乘除法”：“加法”就是要积极培育新兴产业，打造经济发展新动力；“减法”就是要提升传统产业，推进节能减排，淘汰落后产能；“乘法”就是要坚持创新驱动，发挥科技创新对产业发展的乘数效应；“除法”就是要优化市场环境，多措并举帮助企业降低制度性交易、人工、税负、社会保险、财务、生产要素、物流等成本。

打好制度保蓝的“持久战”。制度才能管根本、管长远。湖南加强了大气污染治理的地方立法，出台了《湖南省大气污染防治条例》，长沙、株洲、湘潭等地也出台了相关配套实施细则，建立了长株潭地区联防联控机制，在区域内实现标准统一、预报预警统一、防治统一、执法

湖南利用各种新闻媒体，提高公众参与程度，确保打赢蓝天保卫战。图为“长沙渣管”微信公众号，公众可关注公众号，举报违规行为（长沙晚报社供图）

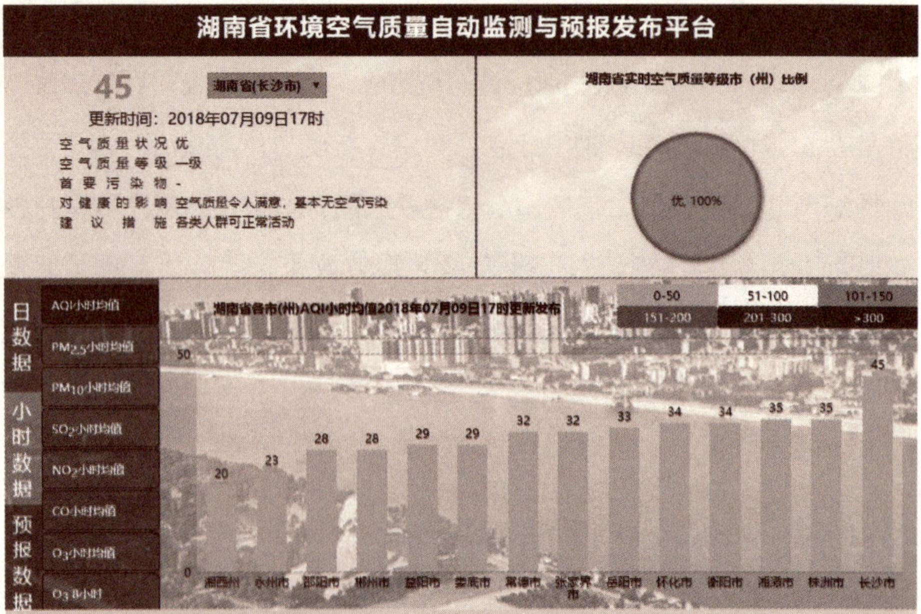

湖南建立了环境空气质量自动监测与预报发布平台，在湖南省环保厅网站及时公布每天各市州空气质量状况。图为2018年7月9日实时监控到的湖南空气质量状况（湖南省环保厅网站截图）

统一。此外，湖南在完善排污征收使用制度，探索建立环境空气质量生态补偿机制，建立企业节能环保“领跑者”制度、目标责任考核体系等方面，也做出了诸多努力。

打好科技增蓝的“持久战”。科技在湖南大气污染防治工作中能够成为得力“帮手”。一方面，是以科技加强蓝天保卫战的“情报”系统，全面启动“数字环保”“智慧环保”建设，增加、调整优化空气质量自动监测站，建立覆盖省、市、县三级的大气监测网络，以科技创新引领湖南大气污染防治进入精准管理新阶段。另一方面，是以科技升级蓝天保卫战的“武器”装备，加大大气污染防治工艺技术装备研究、示范和推广力度，不断提升湖南环保企业的自主创新能力；支持组建大气污染防治等环境治理技术创新及成果转化平台和创新战略联盟，定期开展环保产业、技术展览交流，通过装备升级提升湖南环保企业打赢蓝天保卫战的“作战能力”。

青山就是美丽，蓝天也是幸福。我们相信，只要全省上下一心、共同努力，人人做环境的守护者和蓝天的保卫者，不断积小胜为大胜，就一定能打赢蓝天保卫战，三湘大地一定会出现蓝天常在、白云常驻的动人景象。

·信息链接·

湖南“蓝天保卫战”的工作措施

根据《湖南省“蓝天保卫战”实施方案（2018—2020年）》，湖南将采取以下具体工作措施，打好“蓝天保卫战”。

（一）积极推动转型升级

1. 促进产业结构调整。2. 推进“散乱污”企业整治。3. 优化能源结构调整。4. 加快清洁能源替代利用。5. 推动交通结构调整。6. 加快绿色交通体系建设。7. 推进油品提质升级。

（二）加大污染治理力度

1. 推动工业污染源稳定达标排放。2. 加强工业企业无组织排放管控。3. 加强工业园区大气污染防治。4. 推动重点地区和重点行业执行大气污染物特别排放限值。5. 推进火电钢铁行业超低排放改造。6. 全面推进工业VOCs综合治理。7. 打好柴油货车污染治理攻坚战。8. 加强非道路移动机械和船舶污染管控。9. 加强扬尘污染治理。10. 严禁秸秆露天焚烧。11. 加强生活面源整治。

（三）提升重污染天气防范水平

1. 建立完善长株潭等地区大气污染联防联控机制。2. 提升重污染天气预报预警能力。3. 积极应对重污染天气。4. 编制大气污染物排放源清单。5. 编制环境空气质量达标规划。6. 完善监测网络体系。

8

健康湖南添新翼

——湖南如何推进医保异地结算

>> 热点导读 <<

从2017年9月1日起，湖南凡参加了基本医疗保险的城镇职工、城乡居民，均可实现跨省异地就医住院费用直接结算。作为一项便民新政策，医保异地就医直接结算好处多多，四类人可方便进行异地结算，参保人员应掌握好异地结算的办理流程，弄懂有几类费用不能直接结算，以便更好地利用跨省异地就医这条“高速公路”带来的便利。

59岁的刘阿姨以前在安徽巢湖工作，退休后和丈夫来长沙跟随儿子居住。前不久，刘阿姨因心脏病在湘雅医院住院12天，通过医保异地结算制度，顺利地在长沙报销了医疗费用。刘阿姨高兴地说，跨省异地医保直接结算，让她免除了再回巢湖报销之苦。截至2018年5月底，湖南跨省异地就医备案101881人次，累计结算17631人次。其中，湖南转外省就医12573人次，外省转入湖南就医5058人次，跨省异地就医

随着跨省异地就医"高速公路"的开通，湖南300多家医疗机构接入国家跨省异地就医系统，为参保人员带来了便利和福音。图为湘雅医院住院结算处专设"跨省异地就医结报窗口"（胡伟男/摄）

这条"高速公路"为群众带来了便利和福音。

医保异地就医直接结算好处多多

随着社会经济的快速发展，人员的流动日益频繁，很多城市常住人群的医保可能并不在现在的居住地。以往，这些参保人员异地就医一直遵循"先行报备登记、自行垫付资金、出院后回到参保地报销"的传统模式，不仅费时费力、垫付费用多，而且报销周期长、办理过程奔波折腾。有人吐槽说："每次在省城住院都必须先自己垫付费用，然后回参保地报销。邮寄报销材料怕丢了，自己去路费又是一笔不小的开销。"

·深度关注·

做好基本医疗保险跨省异地就医住院医疗费用直接结算工作的基本原则

2016年12月，人力资源社会保障部、财政部发布了《关于做好基本医疗保险跨省异地就医住院医疗费用直接结算工作的通知》，明确提出基本医疗保险跨省异地就医住院医疗费用直接结算的基本原则：

（一）规范便捷。坚持为参保人员提供方便快捷的结算服务，参保人员只需支付按规定由个人承担的住院医疗费用，其他费用由就医地经办机构与定点医疗机构按协议约定审核后支付。

（二）循序渐进。坚持先省内后跨省、先住院后门诊、先异地安置后转诊转院、先基本医保后补充保险，结合各地信息系统建设实际情况，优先联通异地就医集中的地区，稳步全面推进直接结算工作。

（三）有序就医。坚持与整合城乡医疗保险制度相结合，与分级诊疗制度的推进相结合，建立合理的转诊就医机制，引导参保人员有序就医。

（四）统一管理。坚持基本医疗保险异地就医政策、流程、结算方式基本稳定，统一将异地就医纳入就医地经办机构与定点医疗机构的谈判协商、总额控制、智能监控、医保医生管理、医疗服务质量监督等各项管理服务范围。

更麻烦的是报销手续如出院记录、费用清单、费用收据、检查报告等材料“一个都不能少”，还要找医院盖章、出证明。“弄完这些材料少说得一周时间”，而后将这些材料交给参保地医保中心审核，“即便材料齐全，也要一个月左右才能拿到报销部分的费用；如果材料不齐，还得来回跑好几次，苦不堪言”。

从2017年9月1日起，湖南凡参加了基本医疗保险的城镇职工、城乡居民，都可以实现跨省异地就医住院费用直接结算。

为方便群众异地就医，湖南已先后有300多家医疗机构接入了国家跨省异地就医系统，每个区县至少接入了1～2家，参保人员只要在跨

为方便群众异地就医，湖南接入了国家跨省异地就医系统，参保人员可以在网上选择定点医疗机构，查看异地就医登记备案信息和就医费用明细。图为社会保险网上查询系统首页（截图）

省异地就医网上登录公共服务查询系统，就可以选择定点医疗机构，查看异地就医登记备案信息和就医费用明细，一系列贴心的便民举措大大减轻了他们的负担。据专家测算，光医保省内异地就医直接结算一项就可以解决90%的异地就医问题。

省人力资源和社会保障厅有关负责人介绍说，异地就医直接结算不仅使绝大部分异地就医的参保人员不再需要回参保地“报账”，而且异地就医的病人在选定的定点医院就医时，都是按参保地的报销政策，只要凭社保卡、身份证办理住院手续，按政策预交部分住院费用，出院时实时结算，就能按照规定享受仅支付个人自付部分的福利。

异地就医直接结算平台运行带来的另外一个好处就是，能够使医保基金运行更加安全。这是因为参保人员信息是由参保地申请上传，医疗费用是通过医院实时传输，由经办机构网上审核，这三道“护栏”的建立能有效地保证医疗费用数据资料的真实性，杜绝开具假发票、骗取医保基金等违法事件的发生。

·数字点击·

全国跨省异地就医住院医疗费用直接结算定点医疗机构范围

截至2017年12月31日，在全国所有省级平台、所有统筹地区均已实现与国家异地就医结算系统对接的基础上，全国跨省定点医疗机构已有8499家，90%以上的三级定点医疗机构已联接入网，超过80%的区县至少有一家定点医疗机构可以提供跨省异地就医住院医疗费用直接结算服务。

我国全民医保体系进一步巩固

我国全民医保体系进一步巩固，参保人数超过13亿，参保率稳定在95%以上，职工医保和城乡居民医保政策范围内住院医疗费用报销比例分别达到80%以上和70%左右，构筑了世界上最大的健康保障工程，为全面建成小康社会奠定了扎实的基础，群众获得感不断增强。目前，我国社会保障卡持卡人数达10.88亿。

四类人可方便进行异地结算

目前，异地安置退休人员、异地长期居住人员、常驻异地工作人员、异地转诊（急诊）人员可申请办理异地就医住院医疗费用的直接结算。其中，异地安置退休人员是指退休后在异地定居并且户籍迁入定居地的人员；异地长期居住人员是指长期在异地居住生活的人员，包括“农民工”和“双创人员”等；常驻异地工作人员是指用人单位长期派驻异地工作的人员；异地转诊（急诊）人员是指符合参保地异地转诊（急诊）规定的人员。

掌握好异地结算的办理流程

为了方便用好这项红利，大家要熟悉住院费用异地结算的办理流程。一线操作人员为我们概括出了“先备案、选定点、持卡就医”十个字的基本要领。

医保参保者异地就医，需要先登记备案。这里面分为五种情况：如果是异地安置退休人员，需提供安置地有关户籍证明；如果是异地长期居住人员，需提供6个月以上的居住证明，学生需提供学生

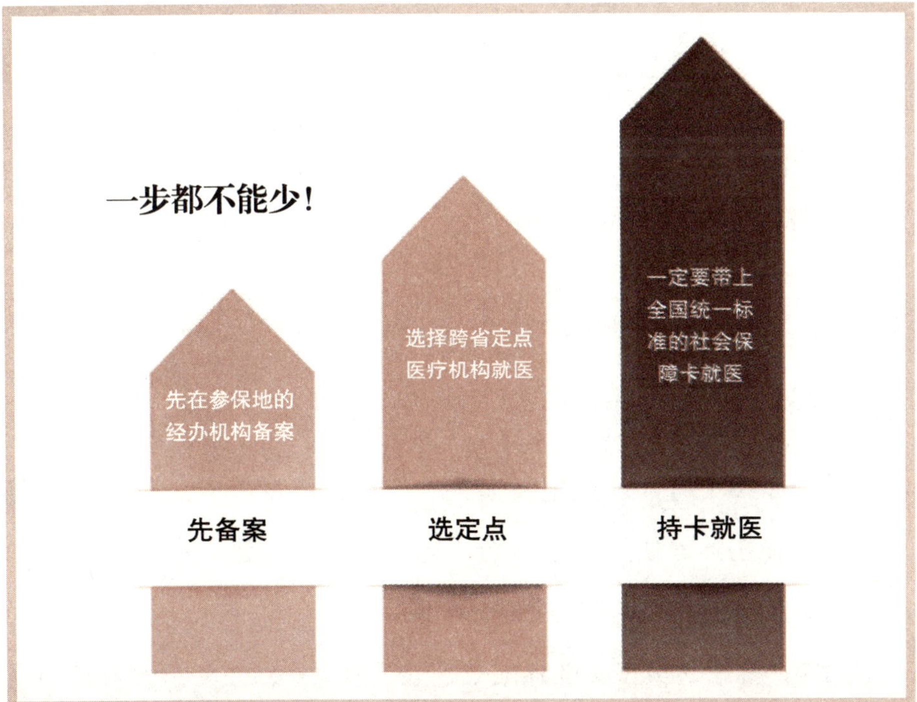

只有掌握好住院费用异地结算的办理流程，才能更好地用好这项红利。图为一线操作人员概括出的“先备案、选定点、持卡就医”十字基本要领流程示意图

…观点·声音…

“高速公路”已经基本修通，并在不断完善，符合条件的参保人员跨省异地就医住院费用可以借助这一系统实现直接结算，不必“垫钱+跑腿”了。

——人力资源和社会保障部社保事业管理中心副主任 黄华波

医保异地结算的推行，是民众尤其是很多“候鸟老人”的福音。过去不在原籍生活的人，一旦住院看病，费用都要回到原省份报销，费时费力，对于病人来说不啻是“二次伤害”。而异地结算普遍化之后，参保人只要结算自己应付的部分，其他的直接由医保部门跨省清算。在人口流动常态化的社会，异地结算的改革是顺应时代和民心的重大举措。

——媒体评论员 敬一山

实现医保异地就医结算，对于普通老百姓来说，可以解除异地就近就医无法结算的难题，是一项实实在在的便民之举。

——网友 @向往的生活

证或相关就读证明；如果是常驻异地工作参保人员，需提供参保单位驻外工作证明；如果是异地转诊人员，需提供参保地经办机构确认具有转诊资格的协议医疗机构出具的转诊转院意见；如果是异地急诊人员，需在3个工作日内提供就医地医疗机构的门（急）诊病历等相关病情证明资料，经参保地经办机构确认后，方可办理异地就医登记备案手续。在异地住院的参保人员，如果没有办理登记备案手续，则无法享受异地就医直接结算服务，其在异地住院的医疗费用需要回参保地进行报销，其待遇政策按参保地相关规定执行。

此外，参保人员在办理异地就医登记备案手续时，应在异地就医协议医疗机构范围内自行选定就医地协议医疗机构。参保人员跨省异地就医时要带上社会保障卡，省内异地就医人员应持社会保障卡或身份证

（户口簿和监护人身份证）等资料，以方便办理异地就医手续，结算时只需支付个人自付的部分，其他的医保报销部分由医院与省医保异地联网办理结算手续。

有几类费用不能直接结算

需要注意的是，符合异地就医结算条件的对象在异地结算中，有些费用不能报销，如普通门（急）诊医疗费用（因突发疾病进行门诊急救或抢救72小时内转住院的医疗费用除外）、意外伤害的住院医疗费用。这些不纳入直接结算的参保人员住院医疗费用，按照规定需要先由参保人员全额垫付，然后再带住院收据原件、出院小结/记录和疾病诊断证明

为了让参保人员更直接快速了解异地就医结算政策，湖南自2018年3月6日起开展“全省异地就医直接结算集中宣传活动”。图为宣传活动第一站——湘雅医院门诊大厅活动现场（红网供图）

书、住院医疗费用总清单等资料，回参保地经办机构办理医保支付结算。

同时，目前跨省异地就医直接结算暂时只支持住院费用，社保卡的个人账户暂时还无法在外省使用，在药店购药、医院门诊时也不能通过刷卡直接结算。

“泉眼无声惜细流，树阴照水爱晴柔。”医保异地结算为健康湖南建设增添了新动力，为人民群众增添了新福利，期待全民医保的异地便利结算早日到来。

·信息链接·

湖南社会（医疗）保险经办机构联系方式

湖南省省本级	湖南省医疗工伤生育保险管理服务局	0731－84900254
长沙市	长沙市医疗保险管理服务局	0731－84907579
株洲市	株洲市医疗保险处	0731－28681669
湘潭市	湘潭市医疗生育保险管理服务局	0731－58535740
衡阳市	衡阳市医疗保险基金管理中心	0734－8867292
邵阳市	邵阳市医疗和生育保险基金管理处	0739－5358196
岳阳市	岳阳市医疗生育保险基金管理服务处	0730－8251722
常德市	常德市医疗保险处	0736－7817365
张家界市	张家界市医疗生育保险管理服务局	0744－8225632
益阳市	益阳市城镇职工医疗保险基金管理处	0737－6501841
郴州市	郴州市医疗保险处	0735－2267339
永州市	永州市医疗保险基金管理处	0746－8367805
怀化市	怀化市医疗生育保险管理中心	0745－2717689
娄底市	娄底市医疗生育保险管理处	0738－8259377
湘西土家族苗族自治州	湘西自治州医疗生育保险管理服务局	0743－8722460

9

不让一个贫困群众在小康路上掉队

——湖南如何交好脱贫攻坚历史答卷

>> 热点导读 <<

2018年是打好脱贫攻坚战的关键一年，湖南采取多项措施提升精准脱贫质量，力求交好脱贫攻坚的历史答卷。一是直面第一线：开展专项治理，进行实地调研，力戒形式主义，切实加强扶贫领域作风建设。二是牵住“牛鼻子”：抓重点地区、重大举措、重点项目，切实抓好脱贫攻坚重点工作。三是奏响“大合唱”：激发脱贫攻坚内生动力，做好脱贫攻坚帮扶拉力，用好脱贫攻坚外在推力，切实强化脱贫攻坚保障。

最近，为了一件大事，湖南省委书记杜家毫，省委副书记、省长许达哲，省政协主席李微微等20位省领导，分赴40个贫困县进行集中专题调研。这件大事，就是党中央一再强调的精准扶贫、精准脱贫工作。这次专题调研的目的是“深入贫困地区解决群众问题”，希望通过“点对点了解基层实情，面对面倾听群众呼声，心贴心帮助化解难题”，以提升精准脱贫质量，进而交好脱贫攻坚的历史答卷。20位省领导分

·深度关注·

坚决打赢脱贫攻坚战

《中国共产党第十九次全国代表大会报告》指出，带领人民创造美好生活，是我们党始终不渝的奋斗目标。必须始终把人民利益摆在至高无上的地位，让改革发展成果更多更公平惠及全体人民，朝着实现全体人民共同富裕不断迈进。要坚决打赢脱贫攻坚战。让贫困人口和贫困地区同全国一道进入全面小康社会是我们党的庄严承诺。要动员全党全国全社会力量，坚持精准扶贫、精准脱贫，坚持中央统筹省负总责市县抓落实的工作机制，强化党政一把手负总责的责任制，坚持大扶贫格局，注重扶贫同扶志、扶智相结合，深入实施东西部扶贫协作，重点攻克深度贫困地区脱贫任务，确保到二〇二〇年我国现行标准下农村贫困人口实现脱贫，贫困县全部摘帽，解决区域性整体贫困，做到脱真贫、真脱贫。

赴40个贫困县进行专题调研，就是湖南着力交好脱贫攻坚历史答卷的一个缩影。

直面第一线：切实加强扶贫领域作风建设

2018年是打好脱贫攻坚战的关键一年，更是脱贫攻坚作风建设年。为了提升精准扶贫质量，切实提高困难群众的获得感、满意度，湖南将突出作风建设，直面扶贫领域存在的作风问题，坚持早发现、早治疗，确保扶贫领域风清气正。

一是开展专项治理，压实攻坚责任。虽然全国上下建立了中央统筹、省负总责、市县抓落实的脱贫攻坚工作机制，脱贫攻坚也成为“一把手”工程，但是在实际工作中，仍存在着作风漂浮、精准扶贫不“精准”的问题。为此，湖南将用一年左右时间，在全省范围内组织开展扶贫领域作风问题专项治理，集中解决“四个意识”不强、责任落实不到位、工作措施不精准、资金管理使用不规范、工作作风不扎实、考核评估不严格等突出问题，进一步强化脱贫攻坚一把手责任制，坚持“一把手”抓、抓“一把手”，防止人情扶贫、关系扶贫、数字扶贫等精准扶贫“脱靶”现象的出现。

二是进行实地调研，解决突出问题。最近湖南20位省领导的集中专题调研，其实只是全省为期半年的“抓重点、补短板、强弱项”大调研活动的一个片段。今后，立足交好脱贫攻坚历史答卷，湖南还将围绕脱贫攻坚战略性、全局性、苗头性和倾向性问题，深入开展调查研究，积极推动脱贫攻坚政策落实落地落细。对调研中群众反映突出的问题，将加强分类处置，以切实补齐扶贫领域存在的突出短板。

三是力戒形式主义，建立长效机制。针对扶贫领域中存在的填表扶贫、数字脱贫等突出问题，湖南将坚持问题导向、靶向治疗，进一步减少会议文

·热词点击·

精准扶贫

精准扶贫是指针对不同贫困区域环境、不同贫困农户状况，运用科学有效程序对扶贫对象实施精确识别、精确帮扶、精确管理的治贫方式。一般来说，精准扶贫主要是就贫困居民而言，谁贫困就扶持谁。

“四个意识”

“四个意识”是指政治意识、大局意识、核心意识、看齐意识，最早由2016年1月29日召开的中共中央政治局会议提出。

脱贫攻坚“七大行动”

脱贫攻坚“七大行动”包括发展特色产业增收脱贫、引导劳务输出脱贫、实施易地搬迁脱贫、结合生态保护脱贫、着力加强教育脱贫、开展医疗保险和救助脱贫、实行保障兜底脱贫七个方面。

件，精简会议活动，减少发文数量，减少检查考评，切实减轻基层扶贫干部迎检、填表负担；针对挪占扶贫资金等不正之风，一查到底，严厉查处“雁过拔毛”、贪污侵占、行贿受贿、虚报冒领、截留挪用、挥霍浪费、吃拿卡要、优亲厚友等突出问题。湖南在坚持立行立改的同时，还将进一步完善政策措施，加强制度建设，标本兼治构建扶贫领域作风建设长效机制，以推进作风建设常态化制度化。

牵住“牛鼻子”：切实抓好脱贫攻坚重点工作

党的十八大以来，尤其是习近平总书记2013年在湘西自治州花垣县作出“精准扶贫”重要指示以来，湖南扶贫开发工作取得了显著成效。据统计，湖南近五年减少农村建档立卡贫困人口551万人，贫困发生率由13.43%下降到3.86%，51个贫困县人均地方财政收入增长47%，9个省级贫困县已按计划脱贫摘帽，5个国家级贫困县正接受国

湖南突出抓好贫困地区特色产业发展，加大脱贫帮扶力度。图为2018年5月13日，道县仙子脚镇下白村果农在分装刚采摘的早熟春桃（蒋克青/摄，湖南日报社新闻影像中心供图）

家验收评估。为了打赢脱贫攻坚战，湖南今后将“牵住牛鼻子”，重点抓好以下工作。

一是抓重点地区。脱贫攻坚进入了决战期，剩下的都是难啃的硬骨头。湖南确定深度贫困地区以武陵山片区为主体区域，突出湘西自治州这个主战场，综合考虑贫困发生率、自然条件和经济发展水平等因素，确定保靖、泸溪、古丈、花垣、永顺、凤凰、龙山、桑植、麻阳、通道、城步等11个深度贫困县，同时湖南根据贫困发生率在20%以上并综合考虑经济发展水平、基础设施、公共服务能力以及村级集体经济发展水平等因素，确定了549个深度贫困村。下一步，湖南将在全面排查和整改扶贫领域存在的突出问题的基础上，精确动态调整贫困人口、农村低保对象及兜底保障对象，全面实施脱贫攻坚“七大行动”，集中力量推动深度贫困地区脱贫。

二是抓重大举措。深度贫困地区之所以脱贫难，在于当地自然条件恶劣、产业发展落后、人口素质偏低、基础设施薄弱。为此，湖南将从十个方面加大对深度贫困地区的支持力度，打出一系列脱贫帮扶“组合拳”。加大财政支持力度，2018年至2019年，省财政每年新增一定投入，用于深度贫困地区脱贫攻坚；加大金融支持力度，针对深度贫困地区制定差异化信贷支持政策；加大项目布局倾斜力度，公益性基础设施、社会事业领域重大工程建设项目以及能源、交通等重大投资项目优先安排深度贫困地区；加大土地政策支持力度，新增建设用地指标优先保障深度贫困县发展用地需要；加大易地扶贫搬迁实施力度，重点考虑深度贫困地区的易地扶贫搬迁工作；加大扶贫产业培

为打赢脱贫攻坚战，湖南加大易地扶贫搬迁实施力度。图为2018年6月10日，慈利县赵家岗土家族乡天台村金坪安置点，75户建档立卡贫困户已入住（唐俊/摄，湖南日报社新闻影像中心供图）

育力度，坚持“四跟四走”产业扶贫路子；加大生态扶贫支持力度，每年新增生态护林员指标的1/3安排到深度贫困县；加大干部人才支持力度，鼓励和引导各方面人才向深度贫困县基层一线流动；加大驻村帮扶和结对帮扶力度，新一轮省市驻村帮扶工作队的安排要向深度贫困村倾斜；加大省内经济发达7个市对口帮扶湘西自治州7个县的力度，新增长沙市雨花区、芙蓉区、天心区、开福区分别于桑植、麻阳、通道、城步开展携手奔小康行动。组织安排经济实力好、带动能力强的企业对口帮扶深度贫困村，实行全覆盖。

三是抓重点项目。众所周知，基础设施薄弱制约了深度贫困地区的发展，也增加了脱贫难度。为了推动深度贫困地区切实脱贫，湖南将抓好一批重点项目，推动贫困地区永久、持续脱贫。比如，抓危房改造。2018年将实施差异化补助政策，确保完成15万户以上农村4类重点对象危房改造任务，18个脱贫摘帽县全部完成危房改造任务。又比如，抓基础设施建设。2018年将完成120万名建档立卡贫困人口的安全饮水提升工程任务，在2000个左右有条件的贫困村建设光伏发电站，使11个深度贫困县的建制村和549个深度贫困村光纤网络通达率超过98%、4G网络有效覆盖率超过99%等。

湖南将抓好一批重点项目，推动贫困地区永久、持续脱贫。图为2018年6月8日，通道侗族自治县溪口光伏电站施工人员在安装太阳能电池板（尹序平、王永智/摄，湖南日报社新闻影像中心供图）

奏响“大合唱”：切实强化脱贫攻坚保障

脱贫攻坚是全党全社会的责任。奋力夺取精准扶贫、精准脱贫的最后胜利，向党和人民交上一份优异答卷，要提高政治站位，全面加强脱贫攻坚保障，形成打赢脱贫攻坚战的强大合力。

第一，激发脱贫攻坚内生动力。扶贫先扶志。贫困人口脱贫，关键在自身。自己不努力，天上掉馅饼也没用。为了激发全省贫困地区脱贫的内生力量，湖南一方面将加强贫困地区干部队伍建设，突出贫困村“两委”班子建设，组织开展“头雁培训计划”，集中排查整顿软弱涣散村级党组织，关心关爱脱贫攻坚一线干部。另一方面将加强政策引导和教育引导，总结推广自主脱贫典型，推动移风易俗，发挥村规民约作用，加快补齐贫困群众的“精神短板”；加大贫困村创业

…观点·声音…

贫困不仅是物质贫困，思想贫困也是贫困的重要因素。“扶贫先要扶志”“治贫先治愚”，由单纯的“输血”到既“输血”又“造血”，是习近平总书记“精准扶贫”思想的重要内涵。

——中国人民大学经济学院　孙久文

湖南的“四跟四走”产业扶贫路子朴实、好记，在全省形成了统一口号，成了湖南精准扶贫享誉省内外的一张靓丽名片，配套形成的政策支持、财政扶持、社会资金帮扶等值得借鉴学习。

——湖北省扶贫办副主任　项克强

精准扶贫，贵在“精”，重在“准”，要让每一分钱都花在刀刃上，每一分力都出在点子上。而要实现精准扶贫，就要摆脱以往粗放的、政令式的扶贫方式，让扶贫成果能够可持续发展，让一些贫困地区转变“等靠要”的落后观念，积极主动参与当地建设工作，彻底拔除穷根。

——《中国科学报》记者　丁　佳

致富带头人培育工作力度，强化能人带动；加大贫困家庭劳动力技能培训、实用技术和转移就业服务力度，提高贫困群众自我发展能力。

第二，做好脱贫攻坚帮扶拉力。帮助贫困地区和贫困人口脱贫，是社会各界义不容辞的责任。为了形成脱贫攻坚的合力，湖南将做好三种“帮扶”：一是做好对口帮扶。重点是做好济南市对口帮扶湘西自治州协调服务工作；继续组织省内对口

湖南全力推进扶贫攻坚工作，花垣县十八洞村成为扶贫脱贫成效显著的典范。上图为该村参加苗绣织锦专业合作社举办的苗绣培训班以实现脱贫的苗家妇女在绣制苗绣（郭立亮/摄，湖南日报社新闻影像中心供图）；中图为在扶贫工作队帮助下通过养殖湘西黄牛实现脱贫的贫困户施关保放牛归来（郭立亮/摄，湖南日报社新闻影像中心供图）；下图为该村满目葱茏的千亩猕猴桃基地（龙艾青/摄，湖南日报社新闻影像中心供图）

帮扶和“携手奔小康”活动，确保帮扶实效；支持中直单位在湘定点扶贫。二是做好驻村帮扶。为此，湖南省、市、县三级实施新一轮为期3年的驻村帮扶，其中225支省派工作队全部派往脱贫攻坚难度大的贫困村，突出抓好特色产业发展、落实帮扶举措、改善基础设施、倡导乡风文明、抓好基层党建等重点工作。三是做好社会帮扶。为此，湖南将深化“互联网+社会扶贫”，加大“中国社会扶贫网”上线工作力度，建设省、县社会扶贫地方门户平台，建立健全捐赠荣誉机制，广泛动员民营企业、社会组织、公民个人参与，在实效和可持续上下功夫，提升社会影响力和公信度。

第三，用好脱贫攻坚外在推力。对此，湖南将重点做到：一是用好考核“指挥棒”。在做好督查工作的基础上，修订完善脱贫攻坚考核实施细则，整合部门考核，优化第三方评估，充分发挥考核“指挥棒”作用。二是把资金用在刀刃上。加强涉农资金整合，加强项目论证和储备，防止资金闲置和损失浪费，全面落实扶贫资金项目公告公示制度，加快扶贫资金拨付、使用，深入开展扶贫专项审计和政策跟踪审计，最大限度地发挥扶贫资金的作用。三是打好舆论战。加大脱贫攻坚政策和成效宣传力度，总结推广精准扶贫、精准脱贫先进经验，防止扶贫政策养懒汉造成“福利陷阱”产生的道德风险。

“没有松柏恒，难得雪中青。”湖南脱贫攻坚时间表、路线图、任务书已绘，只要三湘儿女“撸起袖子加油干”，不忘初心，砥砺前行，就不会有任何一个贫困群众在小康新篇谱写中掉队。

·信息链接·

湖南"四跟四走"产业扶贫见成效

2014—2016年，在推进"四跟四走"产业扶贫上，湖南投入财政专项扶贫资金12亿元，整合其他资金60亿元，引导690家企业与合作社合作，实施重点产业扶贫项目229个，一批有特色、有效益的产业基地脱颖而出，为政府增税、企业增效、农民增收做出了重大贡献。如怀化溆浦县按照直接帮扶模式，组织引导7703名贫困人口贷款种植黑木耳3162亩，湘西花垣县十八洞村贫困农户与苗汉子合作社合股在村外流转土地1000亩建设高标准猕猴桃基地，郴州宜章县的福鹅项目、永州江永县的夏橙资产收益项目、永州江华县的20万头生猪生态养殖精准扶贫项目等也基本是按照这个模式运作的。

三年来，湖南通过产业扶贫直接帮助162万贫困人口脱贫，探索出的"四跟四走"产业扶贫模式破解了以往对象难瞄准、项目难见效、风险难防范、资金难保障等长期困扰产业扶贫的问题，找到了贫困人口发展产业、实现脱贫的有效路径。

10

一切为了孩子

——湖南如何化解大班额

>> 热点导读 <<

大班额问题是教育管理者心中的结。湖南省委、省政府对此高度重视，将其写入2018年省政府工作报告，列入全省12件重点民生实事之一，多措并举，看准问题，点中穴位；顶层设计，精绘“图”“表”；标本兼治，多管齐下；动态监管，防止“回潮”，让大班额彻底“消肿”、完美“瘦身”。

“一个班上有六七十名学生，最后一排学生紧挨着教室后面的墙坐，看黑板上的字很费劲；老师讲课都需要用小喇叭，不然后面的学生听不见……”这是2017年之前长沙市某小学上课时的情况。2017年9月新的开学季后，该校学生家长欣喜地发现班级学生人数大为减少，不禁感慨：“终于不用再人挤人，孩子们可以在一个更好的环境中读书了。”

孩子是祖国的未来和希望，让每个孩子都享有公平高质的教育是人

大班额问题是教育管理者心中的结。为解开这个结，湖南多措并举，让大班额彻底“瘦身”。图为砂子塘泰禹小学梁艳老师正在完美“瘦身”的班上上课（李静/摄）

民群众对美好生活的向往。曾几何时，大班额问题是教育管理者心中的结，如何解决大班额问题，给教育行政管理部门出了一张高难度的“考卷”。如今，这一问题被搬上了全国两会的会议桌，写进了湖南省的政府工作报告。如何让大班额彻底“消肿”、完美“瘦身”，且看湖南如何“答卷”。

看准问题，点中穴位

要解决问题，首先得发现问题，再抽丝剥茧、找准症结，才能有的放矢。湖南在解决大班额问题上正是这样做的。一方面，向内求，抓住大班额现象产生的根源，摈弃“头痛医头、脚痛医脚”的表象性“疗法”，从城镇化进程、户籍制度改革、教育资源不均衡、教育需求改变、教育用地配套、经费短缺等方面综合地、整体地思考症结所在，可谓是打中了大班额问题的“七寸”。另一方面，向外求，开展大班额化解情况的实践大调研。湖南省教育厅调研组在永州市、娄底市等地就义务教育大班额化解情况进行调研时，通过看规划、进班级、听介绍，实地查看各地大班额现状，详细了解制约大班额化解的主要瓶颈。长沙、株洲、益阳、邵阳等市州相关部门也先后开展了消除大班额的走访调研，召开座谈会和现场办公会，找症结、谋良策，思细节、订方案，力争使“关注每一个学生，办好每一所学校”落在实处。

·热词点击·

大班额

大班额是指随着城镇化进程的加快，流动人口不断向城区涌入，人民群众对优质教育资源的需求与教育供给之间的矛盾日益突出，城市学校所承受的压力越来越大，城区学校每个班的人数剧增，超出额定人数的班级现象。大班额有两类：56人以上的大班额和66人以上的超大班额。

为解决大班额问题，湖南开展大班额化解情况的实践大调研。上图为2018年3月13日至14日，湖南省教育厅调研组在永州调研时召开教育工作座谈会；下图为湖南省教育厅调研组在祁阳县部分学校走访了解义务教育大班额化解情况（红网供图）

顶层设计，精绘“图”“表”

俗话说：“谋定而后动，知止而有得。”要想解决好问题、制定好政策、完善好举措，宏观谋划是前提。湖南始终把教育事业发展作为最大的民生工程来抓，注重抓谋划。如2018年省政府工作报告把“基本消除义务教育超大班额”作为12件重点民生实事之一来抓。又如，根据《国务院关于统筹推进县域内城乡义务教育一体化改革发展的若干意见》精神，湖南在结合本省实际的基础上，出台了《湖南省人民政府关于统筹推进县域内城乡义务教育一体化改革发展的实施意见》，明确提出要基本消除大班额。再如，2017年11月，湖南省人民政府办公厅下发《关于开展消除大班额专项行动的通知》，明确了在全省开展消除大班额专项行动的目标任务；2018年4月，在永州召开的全省消除义务教育大

湖南始终把教育事业发展作为最大的民生工程来抓，注重抓谋划。图为2018年4月3日，全省消除义务教育大班额工作推进会在永州召开（谢思佳/摄）

> ·深度关注·
>
> **我国实施消除大班额计划**
>
> 《国务院关于统筹推进县域内城乡义务教育一体化改革发展的若干意见》提出实施消除大班额计划：
>
> 省级人民政府要结合本地实际制订消除大班额专项规划，明确工作任务和时间表、路线图，到2018年基本消除66人以上超大班额，到2020年基本消除56人以上大班额。各地要统筹“十三五”期间义务教育学校建设项目，按照国家规定班额标准，新建和改扩建校园校舍，重点解决城镇大班额问题，加快消除现有大班额。要通过城乡义务教育一体化、实施学区化集团化办学或学校联盟、均衡配置师资等方式，加大对薄弱学校和乡村学校的扶持力度，促进均衡发展，限制班额超标学校招生人数，合理分流学生。县级教育行政部门要建立消除大班额工作台账，对大班额学校实行销号管理，避免产生新的大班额问题。

班额工作推进会上，要求确保2018年基本消除义务教育超大班额，长沙、株洲、衡阳、湘潭、常德完全消除义务教育超大班额，2020年全省基本消除大班额。各市州、县市区也纷纷制订消除大班额专项规划，铺开时间表、画好路线图、签订责任状，迎难而上，全力为大班额减负。

标本兼治，多管齐下

千条万条，不落实都是白条。办成实事，抓落实是关键。教育资源不均衡是湖南中小学大班额问题的根本原因，面对化解大班额的“考试”，全省在时间紧、任务重的困境中奋力“作答”，用智慧做“加减法”，求解教育均衡发展中的“人”“地”“钱”难题，向统筹要效益，向落实要效果。

一是配齐场地，建好配套学校。依法落实《湖南省中小学校幼儿园建设条例》，坚持教育用地规划优先，教育发展与城镇建设同步，城镇扩容到哪里，新学校就建设到哪里；老城区改造到哪里，学校就改扩建到哪里。让孩子们不仅在家门口“有学上”，还要“上好学”。

二是配优人员，增加师资队伍力量。按照学生规模和教育需要，合理核定义务教育学校教职工编制；建立城乡义务教育学校教职工编制统筹配置和跨区调整机制，实行教职工编制城乡、区域统筹和动态管理；根据乡村小规模学校、寄宿制学校和城镇学校的实际需要，统筹分配各校教职工编制和岗位数量，让老师们留得下、流得动、愿意流。与此同时，省政府从2017年起，计划4年内从省级财政中安排12亿元，用于40个贫困县市建设41所“芙蓉学校”，着重改善贫困地区的教育基础设施条件。

湖南省政府从2017年开始，用4年时间在40个贫困县市建设41所“芙蓉学校”，着重改善贫困地区的教育基础设施条件。图为“芙蓉学校”设计效果图（陈焕明/摄）

三是配足资金，确保大班额化解举措落地生根。2018年，湖南将按照“一地一案”“一校一策”的原则，采取新增改扩建和充分利用存量资源相结合、扩大优质资源供给和推进义务教育均衡发展相结合、短期建设和长线规划相结合等措施。为此，湖南已安排奖补资金10亿元予以重点支持；长沙市拟在2017—2020年统筹资金用于奖补各县市区解决普通中小学大班额项目建设，加大对化解普通中小学大班额问题的经费投入；株洲市通过积极创新机制，增加资金来源途径，采取“多渠道融资，财政兜底，统一规划，分步实施”机制，探索形成五种筹资建校新途径，让大班额化解“腰杆硬、底气足”。

四是合理引流，缓解“乡村弱、城镇挤”问题。宏观上，坚持城乡并重和软硬件并重，加大对城镇薄弱学校和乡村学校的扶持力度，稳定乡村生源，缩小城乡教育差距，推进城乡义务教育均衡发展，营造良好的城乡教育生态环境。微观上，出台了《湖南省教育厅关于加强中小学招生管理　做好消除大班额有关工作的通知》（湘教通〔2018〕145号），督促各地加强招生管理，实行阳光招生。

动态监管，防止“回潮”

随着城镇化推进和“全面二孩”政策的实施，城镇中小学大班额还可能“回潮”。因此，大班额“消肿”不仅要定位于当前，还要防止“瘦身”成效反弹。为此，湖南有哪些举措呢？

总体上，通过完善消除大班额动态管理机制实现“转身”和“回头看”，具体做法有六：其一，做好逐校排查义务教育大班额的数量与分布工作，建立消除大班额工作台账。对大班额学校进行销号管理，并及时向社会公开大班额消除情况。其二，在解决大班额过程中，学位不足的要采取多种方式予以过渡性解决，过渡期不得超过一年；并建立工作进展情况通报制度，加强对辖区内消除大班额工作的督导检查。其三，建立中小学校班额情况预警制和定期报告制度，及时掌握学校班额变化情况，及时采取事前预防、事中制止和事后处罚措施。其四，将消除大班额工作纳入各级政府“两项督导评估”，作为年度绩效考核的重要内容之一，由省政府督查室展开专项督查。其五，各级教育督导部门加强对消除大班额工作的专项督导检查，完善督导检查结果通报制度和限期整改制度。其六，加强对已经完成基本消除大班额工作任务县

…观点·声音…

第一步，把任务明确了，摸底有多少大班额，分布在什么地方，账单清清楚楚。

第二步，就是要各个地方细化措施，一校一策。教室不够、老师也排不过来的，采取分流方式，适当租用或改造房子。不管你用什么招，一定要把问题解决掉。

——湖南省教育厅党组书记、厅长、工委书记　蒋昌忠

习近平总书记多次强调：“人民对美好生活的向往，就是我们的奋斗目标。”同样，人民对优质教育资源的渴望，就是各级教育部门的职责和追求。只有均衡教育资源、缩小城乡差距、促进义务教育均衡发展，才能从根本上消除大班额，公平而有质量的教育才能真正实现。

——蒲公英评论独立评论员　周旭方

给县城学校大班额“瘦身”，社会也不能袖手旁观，各部门、各阶层要给力学校扩建，真正实现人民教育人民办。同时，社会各界要重视本地教育的发展，缩小城乡学校差距，让本地学生能安心在本地学校就读，减轻县城学校的转入压力。

——网友　@肖彬不帅很累

市区的复查工作，对大班额比例达标之后又出现超标的，及时通报情况并责令限期整改，切实采取措施防止形成新的大班额。

“草长莺飞二月天，拂堤杨柳醉春烟。”孩子是家庭的希望，更是国家与民族的未来。湖南的一系列举措彰显了彻底解决大班额问题的决心和魄力，必将迎来全省教育史上的又一个春天。愿三湘大地每一个孩子都能在教育公平的明媚春光下快乐奔跑，放声高歌！

·信息链接·

湖南大班额消除计划

《湖南省人民政府关于统筹推进县域内城乡义务教育一体化改革发展的实施意见》指出，各市州、县市区人民政府要结合本地实际制订消除大班额专项规划，明确工作任务和时间表、路线图。到2018年基本消除66人以上超大班额，到2020年基本消除56人以上大班额；鼓励有条件的地方提前消除大班额，按标准班额办学。

分阶段目标是：2017年起，小学一年级按不超过45人、初中起始年级按不超过50人标准班额招生；到2018年底前将全省66人以上超大班额的比例控制在5%以内，之后不得新增超大班额；到2020年底前将全省56人以上大班额比例控制在10%以内；2020年之后大班额比例逐年降低。到2022年，义务教育阶段全部实现按标准班额办学。

11

让红色文化魅力四射

——湖南如何开发利用保护红色资源

>> **热点导读** <<

湖南是红色资源大省。近年来，湖南针对如何盘活用好红色资源、让红色基因深植人心，进行了有益尝试和探索。为进一步推动全省红色教育工作往实里走、往心里走、往深里走，湖南将着力在红色文化资源“建”“管”“用”上下功夫、出实招：一是立足“保护好”，使红色文物“活”起来；二是追求“高品位”，使红色阵地“靓”起来；三是坚持“高标准”，使日常管理“严”起来；四是提升“软实力”，使服务水平“优”起来。

2017年，一场以“红色潇湘·薪火相传”为主题的形象展示大赛“火”了三湘大地。这档有别于娱乐综艺节目的比赛，让红色文化资源第一次通过电视竞赛的形式呈现在大众面前，让人耳目一新，引发了持续热议。近年来，湖南针对如何盘活用好红色资源进行了有益尝试和探索，在打造视觉盛宴的同时使人受到精神洗礼，让红色主旋律节目产生了“现象级”效果。下一步，我们将乘着这股“东风”，着力在红

近年来，为盘活红色资源，湖南进行了有益的尝试和探索，让红色主旋律节目产生了“现象级”效果。图为2017年11月7日，“红色潇湘·薪火相传”——湖南省爱国主义教育基地形象展示大赛总决赛现场（谢清/摄）

色文化资源“建”“管”“用”上下功夫、出实招，推动全省红色教育工作往实里走、往心里走、往深里走。

立足“保护好”，使红色文物“活”起来

使红色文物资源“活”起来，首要的是把革命文物保护好，让老祖宗留下的“宝贝”代代相传，这是深化爱国主义教育和革命传统教育的“源头活水”。

一是摸清“文物家底”。湖南积极组织开展革命文物的定期排

查，建立省级革命文物保护项目库，积极探索建立革命文物资源目录和数据库，实现革命旧址文物资源的数字化管理，规范省级革命文物保护单位遴选申报，并积极做好国家级革命文物保护单位推荐申报工作。在先后组织开展的抗战、红军长征等主题文物摸排中，9处革命遗址入选全国抗战纪念设施、遗址保护名录。

湖南积极组织开展革命文物摸排，建立省级革命文物保护项目库。上图为秋收起义文家市会师旧址；中图为通道转兵纪念馆；下图为芷江抗日受降纪念坊

二是延长“文物生命”。湖南每年争取近5亿元财政资金用于革命文

湖南大力挖掘革命文物承载的红色基因，讲好文物背后的故事。图为郴州市汝城县沙洲村“半条被子”雕像

物、旧址和烈士纪念设施的修缮。18处革命历史类全国重点文物保护单位和49处省级文物保护单位修缮工程已成功获批。注重片区保护、专题保护和线路保护，实施全省革命文物保护“五年行动计划”，全面推动“湘东—罗霄山”片区、武陵山片区革命旧址群、长征文化线路和革命名人故居群保护展示提质。

三是深挖“文物故事”。湖南结合“不忘初心、牢记使命”主题教育活动，大力挖掘革命文物承载的红色基因，讲好文物背后的人文精神和革命情怀，为此推出了《刘少奇乘坐的吉普车》《半床被子》等红色经典故事，组织开展了潇湘红色故事征集、评选、讲述、展播活动；同时，大力实施“党史惠民”工程，组织开展“革命老区与精准扶贫”等学术活动，深化党史研究和宣传，充分发挥党史文物资政育人的独特作用。

追求“高品位”，使红色阵地“靓”起来

完善的设施和高水平的陈展，是彰显红色教育基地魅力、让每一个红色教育基地“靓”起来的重要前提。党的十八大以来，湖南累计投入26亿余元用于红色教育基地建设，以韶山“一号工程”建成开放为标志，各级各类红

·深度关注·

“十三五”期间我国红色旅游发展工程

2016年12月，国务院印发《“十三五”旅游业发展规划》，提出了“红色旅游发展工程”。

（一）完善全国红色旅游经典景区体系。深挖红色内涵，完善道路交通和服务设施条件，提升服务水平。选择红色资源丰富、基础设施完善、展陈效果较好、教育功能突出、有一定品牌知名度的景区给予重点支持。整合周边自然生态、传统文化、特色乡村等旅游资源，打造推出一批复合型旅游产品，形成覆盖更加全面、内涵更加丰富、特色更加鲜明的景区体系。

（二）着力凸显红色旅游教育功能。结合建党、建军、建立新中国和重要历史事件等重大纪念日，组织系列宣传推广活动。推动大中小学生社会实践活动与红色旅游相结合，依托红色旅游景区组织参观活动，接受红色教育。开展“红色旅游进校园”等形式多样的课外实践活动，深化青少年社会主义核心价值观教育。加强红色旅游国际交流合作，推广红色旅游产品线路。

（三）积极发挥红色旅游脱贫攻坚作用。围绕脱贫攻坚目标，紧密结合集中连片特困地区扶贫开发和革命老区振兴发展，整合当地资源，拓展红色旅游扶贫富民功能。支持当地群众参与餐饮、住宿等经营服务，带动当地贫困人口就业。引导革命老区群众因地制宜发展适合老区的种养业和特色手工业，开发特色旅游商品，培育富有红色文化内涵的旅游品牌。

党的十八大以来，湖南加快红色教育基地建设，以韶山“一号工程”的建成开放为标志，各级各类红色教育基地“靓”起来。图为韶山“一号工程”主体项目——改扩建后的毛泽东铜像广场

色教育基地在基础设施、陈列布展、人文景观、周边环境等方面均有了质的飞跃。进一步“扮靓”红色阵地，需要在内涵式发展上下更多功夫、花更大气力。

一是加强顶层设计。湖南将实施全域旅游基地建设、红色经典旅游线路等战略，规划储备一批红色教育基地重点项目，积极争取中央财政支持和省级配套资金，加快大湘东红色旅游经济带、大湘西国家旅游扶贫试验区、湘潭（韶山）全国红色旅游融合发展示范区建设，推动湖南红色教育基地硬件设施条件得到根本改善。

二是推动成果转化。湖南着力打造主题突出、导向正确、内涵丰富的精品陈列展览，鼓励引导有实力的场馆参评全国博物馆十大精品陈列展览。积极探索运用红网、新湖南等新媒体，为观众提供智慧化服务，以满足观众对公共文化的需求。加强与高等院校、党史部门的学术交流，组建陈展内容形式评审专家库，实行“背靠背”的科学评审机制，从源头上严把陈展内容关、形式关。

三是助推红色旅游产业发展。湖南贯彻落实全省红色旅游发展三年行动计划（2018—2020），重点打造罗霄山片区红色旅游脱贫示范区，精心组织红色文化旅游节，大力实施红色旅游品牌营销、红色旅游扶贫工程，充分发挥红色旅游产业的社会效益。加强国际交流合作，持续办好中俄合作交流系列活动，发挥好中国旅法勤工俭学蒙达尔纪纪念馆在中法旅游合作方面的独特作用。组织开展红色旅游产品创意设计大赛，实现形式设计与红色文化的有机结合，推出一批市场占有率高的红色主题创意产品。

坚持“高标准”，使日常管理“严”起来

加强红色教育基地的规范管理，把着力点和落脚点放在提高全省红色文化资源的知晓度、美誉度和社会关注度上，构建形成有效的工作机制，推动基地管理走上良性发展轨道。建立党委宣传部门牵头、有关部门共同参与的联席会议制度，进一步形成工作合力，推动构建起党委统一领导、宣传部门牵头抓总、各有关部门协调配合、全社会共同参与的良好工作格局。印发《湖南省爱国主义教

> **·数字点击·**
>
> **湖南红色旅游景区盘点**
>
> 湖南被誉为“革命摇篮，伟人故里”，红色旅游资源极为丰富。根据实地调查结果，截至2017年7月，全省共拥有红色旅游景区（点）310个，其中全国红色旅游经典景区（点）28个，省级重点红色旅游景区（点）53个；国家A级景区42个，其中国家5A景区3个、国家4A级景区13个、国家3A级景区21个；全国爱国主义教育示范基地27个。

育基地申报命名暂行规定》，使爱国主义教育基地在申报命名、内部管理、目标考核、绩效评估等方面做到有据可依、有章可循。

下一步，湖南将重点抓好《湖南省爱国主义教育基地工作考核细则》的贯彻落实，把考核评判的“指挥棒”舞起来。一是完善考核指标，将落实意识形态责任制、社会主义核心价值观的原则要求融入爱国主义教育基地考核评估各项指标，确保全省“红色阵地”导向正确。二是健全考核机制，实施动态管理机制，探索建立群众评价和反馈机制，积极引入第三方评价体系、研究制定公众满意度指标等方式，使评估结果更加科学合理。三是加大考核结果运用，大力推行激励约束机制，将评估结果与荣誉称号申报命名、免补资金调剂、项目建设等方面挂钩，推动红色资源管理逐步制度化、规范化。

提升“软实力”，使服务水平“优”起来

全省首届爱国主义教育基地形象展示大赛期间，各爱国主义教育基地入馆人流量持续增加，部分场馆日均接待游客达2万人次，仅两个月时间就有500万人次关注大赛，200万人次参与投票。这一火爆局面正是得益于近年来爱国主义教育基地和博物馆、纪念馆等公共设施免费开放政策的实施。通过“减门票”与“提服务”，大大增强了观众参观学习的舒适度和满意率，让每一位观众都能“进馆有亲切感，在馆有震撼感，离馆有留恋感”。

下一阶段，湖南将在抓好场馆建设的同时，进一步提升服务讲解等“软实力”，以高质量的服务水平赢得观众的认可。一是主动“走出去”，交流借鉴学。通过有计划地遴选抽调、考察交流等形式，组织红色教育基地从业人员特别是讲解员赴各地开展学习活动，以“他山之石”的有益经验提升湖南红色教育基地服务水平。二是“以赛代训”创新形式学。持续办好爱国主义教育基地形象展示大赛，将其作为品牌进行打造，为馆际学习交流提供平台，

…观点·声音…

大湘东作为革命老区，红色资源丰富，要通过挖掘、整合，打造一批经典红色景区。要深入挖掘红色文化的精神内涵，加强爱国主义教育，把红色传统发扬好，把红色基因传承好，把社会主义核心价值观践行好。

——中共湖南省委常委、省委宣传部部长　蔡振红

爱国主义教育基地建设是引导人们特别是广大青少年树立正确理想、信念、人生观、价值观，促进中华民族实现伟大复兴的一项重要工作。

——《半月谈》记者　蒋　芳

激活红色基因，就是要把党的光荣传统、优良作风与我们正在进行的奋斗相结合，让党的宝贵精神财富彰显出新的时代价值。

——《湖南日报》评论员

湖南注重提升爱国主义教育基地服务讲解等“软实力”，以高质量的服务水平赢得观众认可。图为参加湖南省爱国主义教育基地形象展示大赛总决赛的选手正在进行“金牌讲解”（杨杨/摄）

实现经验共享、资源共用、信息共通，形成场馆之间“你追我赶”的发展势头。三是举办专题培训班，集中学。针对工作短板和弱项，适时在红色教育基地召开现场经验交流会和培训班，邀请文博、党史、礼仪等业界专家进行现场授课。四是科学设置课程，采取实地体验等方式，增强教学的现场感。充分利用全省丰富的红色文化资源，推动建立红色旅游人才培训基地。

“雄关漫道真如铁，而今迈步从头越。”盘活用好红色资源，让红色基因深植人心，需要我们不忘初心、牢记使命，持续用力、久久为功，紧紧抓住保护、建设、管理、使用4个环节，真正将每一处红色纪念场馆打造成为开展爱国主义教育和革命传统教育、培育和践行社会主义核心价值观的生动课堂。

·信息链接·

2016—2020年湖南红色旅游发展目标

湖南省旅游发展委员会2017年7月编制的《湖南省红色旅游发展规划（2016—2020）》就全省2016—2020年红色旅游发展提出了总体目标与具体目标。

1. 总体目标

经典景区建设更加完善，精品线路更加优化，红色品牌更加鲜明，公共服务体系更加健全，发展质量和效益全面提升，湖南成为国际著名的红色旅游目的地。

2. 具体目标

社会效益目标：红色文化遗产得到有效保护和合理利用，通过充分发挥湘潭（韶山）全国红色旅游融合发展示范区和湘潭全国红色旅游国际合作创建区的引领与示范带动作用，将我省建设成为弘扬先进文化与开展爱国主义教育的重要基地、开展红色研学旅游的重要目的地、向国际传播红色文化与社会主义核心价值观的首选旅游目的地。红色旅游脱贫致富功能得到进一步拓展。到2020年，红色旅游直接就业人数达30万人，间接就业人数达120万人。

产业发展目标：形成完整的红色旅游产业链，到2020年，全国红色旅游经典景区达到28个，省级红色旅游重点景区增至72个，其中5A级景区增至5个；建成全省红色旅游基地40个，建成在国内外具有影响力的红色旅游精品线路10条。

经济发展目标：到2020年，全省主要红色旅游区（点）年接待国内外旅游者达到1.6亿人次，实现红色旅游综合收入960亿元，年均增长15%以上。

12

一枝一叶总关情

——湖南如何推进“厕所革命”

热点导读

自2015年我国启动“旅游厕所革命”以来，湖南省委、省政府高度重视，推出旅游厕所建设管理三年行动计划，将“厕所革命”作为补齐群众生活品质的短板、推动城市文明建设的有效载体。为写好微民生里的“大文章”，打好“厕所革命”这场攻坚战，湖南聚焦“里子”，“司令部”吹响集结号；耕耘三载，旅游“一号工程”喜结丰收果；多处“灌溉”，农村厕改欣开幸福花；数箭齐发，管理服务激发新作为。

“这么精致的建筑，不看标识还真不知道是公厕。”北京游客詹女士在张家界武陵源核心景区金鞭溪游玩时，特意拍了一张以峰林为背景的公厕照片，夸赞景区厕所“如景色一般美丽”……这一场景是湖南根据习近平总书记关于“厕所革命”的重要指示推出的三年行动计划的一个缩影。自2015年推出“厕所革命”至今，湖南已走在全国前列。为何要围绕小小的厕所掀起一场新型革命？

小厕所里藏着怎样的大民生？湖南又是如何将“厕所革命”作为补齐群众生活品质的短板、推动城市文明建设的有效载体的？且看下文细细说来。

聚焦“里子”，“司令部”吹响集结号

“小康不小康，厕所算一桩。”在传统观念里，厕所被认为是上不得台面的“里子”，不值得一提。但百姓的整体幸福感与满足感，却恰恰从这些“上不得台面”的小事中体现出来。建设富饶美丽幸福新湖南，正是建立在“厕所革命”这般处处为普通百姓着想的小事之上。自2015年我国启动“旅游厕所革命”以来，湖南省委、省政府高

自2015年我国启动“旅游厕所革命”以来，湖南省委、省政府高度重视，“厕所革命”成果显著。图为在“2017年世界厕所日暨中国厕所革命宣传日活动”上，湖南荣获全国“厕所革命突出成果奖”（刘玉锋/摄）

·深度关注·

全国旅游厕所建设管理的行动目标

国家旅游局制定的《全国旅游厕所建设管理新三年行动计划（2018—2020）》提出了全国旅游厕所建设管理的行动目标：

从2018至2020年，全国共新建、改扩建旅游厕所6.4万座，其中新建4.7万座，改扩建1.7万座。推进厕所在地区间、城乡间、景区内外合理布局，提高厕所建设质量，健全厕所管理体制，推广厕所科技应用，提升厕所文明水平，实现“数量充足、分布合理，管理有效、服务到位，卫生环保、如厕文明”的新三年目标。

第一期目标（2018年1—12月）：共新建和改扩建旅游厕所2.4万座，其中新建1.7万座，改扩建0.7万座；厕所革命向中西部地区倾斜、向有旅游资源的建档立卡贫困村倾斜，厕所管理服务、科技应用、文明理念进一步强化。

第二期目标（2019年1—12月）：共新建和改扩建旅游厕所2.1万座，其中新建1.6万座，改扩建0.5万座；着力推进厕所均衡布局，厕所数量在地区之间、城乡之间、景区内外不平衡不充分问题基本缓解，70%的有旅游资源的建档立卡贫困村建设旅游厕所，厕所管理有效机制初步建立，厕所科技应用水平全面提升，文明如厕新风尚逐步形成。

第三期目标（2020年1—12月）：共新建和改扩建旅游厕所1.9万座，其中新建1.4万座，改扩建0.5万座。厕所全域布局格局基本形成，有旅游资源的建档立卡贫困村普遍建设旅游厕所，管理体制机制进一步健全，科技应用体现充分，文明如厕理念深入人心。

度重视，吹响了全省推进“厕所革命”的集结号，迅速推出旅游厕所建设管理三年行动计划。2015年5月和2016年2月，时任省长杜家毫先后对“旅游厕所革命”作出批示和指示，强调要坚持问题导向，按既定部署从“厕所革命”抓起，进一步提高旅游服务水平。省委十届十五次全体会议审议通过的《关于制定湖南省国民经济和社会发展第十三个五年规划的建议》也明确提出，要加强重点场所旅游配套设置建设，推进“厕所革命”。2017年12月8日召开的省委常委会明确要求，将“厕所革命”作为城乡文明建设的重要方面和乡村振兴战略的具体抓手；湖南“厕所革命”新三年行动计划正加紧制定、即将实施，未来三年内，计划在全省旅游景区、交通集散点、乡村旅游点等共新建和改扩建旅游厕所2600个，进一步推动“厕所革命”从景区拓展到全域、从城市拓展到农村、从硬件建设

湖南自2015年开始推行“厕所革命”三年行动计划，把其作为旅游业的“一号工程”，作为补齐全省旅游公共服务短板、提升旅游服务品质、打造全域旅游示范省的重要抓手。上图为湖南张家界武陵源景区水绕四门旅游厕所（吴勇兵/摄，湖南日报社新闻影像中心供图）；中图为长沙市五一大道芙蓉广场东南角一座新设的第三卫生间（徐行/摄，湖南日报社新闻影像中心供图）；下图为长沙服务区样板示范公共卫生间设计效果图

拓展到文明素质提升，努力补齐这块影响群众生活品质的短板，让大家去哪儿都能方方便便上厕所。

耕耘三载，旅游“一号工程”喜结丰收果

“厕所虽小，谁也离不了。”这话虽糙，理却不糙。厕所是旅游景区的必备设施，直接反映公共服务体系和社会文明程度的高低。但大家外出旅行、游玩时，肯定都碰到过厕所“找不着、进不去、闻不得、待不住”的情况，体验感较差。为让“方便”变得方便，湖南自2015年开始推行“厕所革命”三年行动计划，把其作为旅游业的“一号工程”，作为补齐全省旅游公共服务短板、提升旅游服务品质、打造全域旅游示范省的重要抓手，从小处着眼、从实处入手，耕耘三载，成果喜人。

一是数量增。截至2017年底，全省3年建成3169座旅游厕所，超额完成144座；预计到2018年底，还将完成200座。

二是质量升。扎实推进第三卫生间建设，确保5A级景区第三卫生间全覆盖，鼓励高等级旅游景区、旅游集散中心等建设第三卫生间。截至2017年底，全省第三卫生间已完工104座、在建52座。

·热词点击·

第三卫生间

第三卫生间也称为“无性别卫生间”，称谓来自英文third public toilets。它有别于现有公厕的男女分区设置，有独立的出入口，旨在方便父母带异性的孩子、子女带异性的老人外出，照顾其如厕。2014年10月20日，上海延安中路首设第三卫生间。

三是范围广。以A级景区、乡村旅游和景区旅游沿线为重点，将“厕所革命”延伸至高速公路沿线路口、街区、农村等地。截至目前，全省共新（改、扩）建乡村旅游厕所1200座左右，并计划一年半内对全省265座高速公路服务区的公共卫生间进行提质升级，目前13座服务区样板示范间建设已全面铺开。

四是荣誉多。长沙、常德、郴州、怀化、岳阳、郴州、湘潭等市先后获评“全国厕所革命先进市”；2017年，湖南获得“厕所革命突出成果奖”，旅游厕所建设管理工作走在了全国前列。

多处“灌溉”，农村厕改欣开幸福花

“两块砖，一个坑，茅草围住臭烘烘”，这恐怕是大多数人对农村厕所的普遍印象。“小康不小康，关键看老乡。”宁乡市的老乡们对幸福生活的向往让他们喊出了“乡村要美丽，厕所要革命”的口号。近年来，湖南将“厕所革命”作为实施乡村振兴战略、深化和完善美丽乡村建设、改善农村环境、治理农村污染的一项重点惠民工程，千方百计抓重点、补短板、强弱项。

一是资金力挺。湖南不断增加有效投入和专项资金补贴，确保“厕所革命”这一实打实的民生工程分期分批、保质保量地稳步推进。如永州市蓝山县从县级财政安排2000多万元用于农村厕改，实行以奖代补。农户拆除旱厕改建水冲式无害化卫生厕所的，每座奖补500元。醴陵市沈潭镇则规定改造一处化粪池，政府补贴1000元，至今当地已有200多户居民享受到这项政策利好。

近年来，湖南将“厕所革命”作为实施乡村振兴战略、深化和完善美丽乡村建设、改善农村环境、治理农村污染的一项重点惠民工程。上图为浏阳市柏加镇网格干部入户开展改厕动员（陈瑶/摄）；下图为岳阳市君山区农村新式厕所施工现场（王琼/摄）

二是标本同治。将农村厕所改造与农村污水处理同步进行，通过做好厕所下水道管网建设和农村污水处理，根治农村生活污水随意排放的顽疾，不断提高农民的生活质量。据浏阳市古港镇梅田湖村、娄星区万宝镇大塘村和双峰县永丰镇福寿村、联阳村等地改厕农民反映：改厕后，村庄整洁了，饮水干净了，蚊蝇减少了，疾病减少了，生活舒适了，村容村貌都发生了可喜的变化。

三是质量兼顾。在提高农村卫生厕所普及率的同时，推进了农村新的无害化卫生厕所普及率。如岳阳市君山区2017年共完成无害化厕所改造218座，在条件有限的地方改建集中式化粪池13处。截至2017年底，全省农村建成化粪池221.6万个、污水处理设施14057套。农村厕改项目的实施，有力促进了农村地区环境卫生状况的明显好转，推动了美丽乡村建设、卫生创建活动的蓬勃开展，有效改变了人畜生活污水污染环境的问题，让农村厕所彻底变了样。

…观点·声音…

小厕所，大民生。厕所虽小，却是人皆所需。厕所对于个人是小事，但在我国要满足13亿多人口、每年50多亿游客的如厕需求，则是一项浩大而艰巨的工程。

——国家旅游局原局长　李金早

“抓重点、补短板、强弱项”不是一句空口号，是要聚焦人民群众的痛点难点实实在在办事的。厕所问题既关乎生活质量与尊严，也影响着生活环境，更体现着一个地方、一个家庭的文明程度。抓好厕所问题，很能让人民群众拥有获得感、幸福感——厕所问题都管，别的问题更会管；厕所问题都管得好，其他问题就更能管好！

——《湖南日报》评论员

时下如火如荼推进的“厕所革命”在本质上是一场关于厕所的供给侧改革，通过解决公共厕所供给不平衡、不充分的问题，来满足群众对美好生活品质的需要。因此，不能将“厕所革命”简单地等同于厕所改造，更不能认为建好了几个领导和游客可视范围内的“五星级厕所”就算“革命”成功。只有让群众“上得了”厕所、“方便”得满意，“厕所革命”才名副其实。

——新湖南客户端通讯员　黄胜

数箭齐发，管理服务激发新作为

“厕所革命”除了解决“有没有”的问题，还得解决“好不好”的问题。卫生厕所“三分建、七分管”，只有建管并重、“软硬”兼施，才能避免“五星级豪华厕所”沦为垃圾场。为此，湖南又采取了哪些措施创新管理与服务呢?

一是注重日常管护。建立健全旅游厕所管理长效机制，提升旅游厕所的管理水平；按照“属地为主、部门联动、社会参与”的原则推动厕所建设管理，解决“无人愿进”的问题。

二是加大资金投入。在用地、用水、用电等方面加强保障，出台引导政策鼓励民间资本投向旅游厕所建设领域。

三是探索管养机制。推广厕所社会化、市场化管理模式，建立健全科学有效的管养机制。如岳阳市探索鼓励以承包经营、大中型企业挂名赞助、商业广告特许经营权等方式进行厕所管理，景区内的厕所与经营服务项目结合，休闲步行区的厕所与商铺挂钩，加快引进专业化、集团化、连锁经营的厕所管理公司等“以商养厕”模式，寻找“无人想管”的突破口。

四是挂钩管评内容。将旅游厕所的建设与管理作为星级酒店、A级景区、乡村旅游点、旅游度假区等工作评定复核的重要内容。

五是加强文明宣传。建立文明如厕制度和文明如厕宣传志愿者队伍，张贴文明如厕标示语，培养公众理性使用厕所意识，减少无谓的消耗。同时，创新宣传方式，利用报纸、电视、新媒体等多种宣传媒介，形成全社会关注、推动“厕所革命”，游客共同维护整体卫生环境的良好氛围。

卫生厕所“三分建、七分管”，为避免“五星级豪华厕所”沦为垃圾场，湖南采取了加强文明宣传的措施创新管理与服务。上图为2017年8月18日，崀山风景区“厕所革命”宣传活动现场；下图为向群众发放的厕所革命公益宣传手册（颜克明、蒋世民/摄）

枝叶虽微，渐盈大树。小小厕所，连着的却是大民生。对建设富饶美丽幸福新湖南的愿景而言，厕所既是“面子”，也是“里子”，映射出走向全面小康生活秩序的新面貌。厕所问题不仅关系旅游环境的改善，也关系广大人民群众生活品质的改善、社会文明的进步。“把人民群众的需求放在第一位，真抓实干、努力解决实际问题”则是贯穿“厕所革命”始终的一根红线。新时代的湖南正处于迎接这场“厕所革命”的关键期，应以集小胜成大胜的气概，守正笃实，久久为功，写好微民生里的“大文章”，打好“厕所革命”这场攻坚战。

·信息链接·

湖南省旅游厕所建设管理三年行动计划的工作目标

从2015年到2017年，在全省旅游景区、旅游交通线路、乡村旅游点、旅游集散中心、旅游餐馆、旅游娱乐购物场所、旅游步行街区等共新建和改扩建旅游厕所3025座，其中新建 2378 座，改扩建647座，全省旅游厕所建设管理工作走在全国前列。

（一）2015年。共新建和改扩建旅游厕所1014座，其中新建793座，改扩建221座。全省A级旅游景区、主要旅游线路、重要交通集散点、重点乡村旅游点、重点旅游餐馆、重点旅游娱乐场所、重点休闲步行区等的厕所数量充足，达到相关质量等级标准。

（二）2016年。共新建和改扩建旅游厕所1045座，其中新建859座，改扩建186座，使旅游景区、旅游干道、大型交通集散点、主要乡村旅游点、大型旅游餐馆、大型旅游娱乐场所、大型休闲步行区等的旅游厕所数量充足，达到相关质量等级标准。

（三）2017年。共新建和改扩建旅游厕所966座，其中新建726座，改扩建240座，使旅游景区、旅游线路沿线、交通集散点、乡村旅游点、旅游餐馆、旅游娱乐场所、休闲步行区等的旅游厕所数量充足，达到相关质量等级标准。

后 记

省委常委、省委宣传部部长蔡振红主持本书的编写，提出总体思路。省委宣传部常务副部长蒋祖烜对本书编写提出具体意见并审阅了书稿。省委宣传部副部长肖君华、省委宣传部副巡视员刘学牵头负责本书策划并对书稿进行审定；省社科院副院长周小毛、省委宣传部宣教处处长胡革平、省委宣传部宣教处副处长石海、省社科院办公室主任潘小刚、省社科院中国马克思主义研究所所长黄海、省社科院科研处副处长周湘智参与本书的整体策划、内容设计并负责统稿；省委宣传部宣教处副调研员倪章华参与本书的内容设计、文字校核和协调联络工作。

在本书编写过程中,省社科院、湖南日报社、省委网信办、湖南广播电视台给予了大力支持。省发改委、省教育厅、省农委、省人社厅、省环保厅、省卫计委、省旅发委、省扶贫办等单位对有关内容进行了审读把关。“热点话题谈心录·2018”宣传一启动，《湖南日报》、湖南广播电视台卫视频道、湖南经视频道、《新湘评论》、《潇湘晨报》、《三湘都市报》、红网、华声在线、省政府门户网等省内各级各类媒体，从传统的报纸、杂志、广播电视，到新兴的网站、政务微博、微信公众号，众媒一心、同频同步，充分发挥主动性、创造性，巧妙运用报纸加短评、电视配访谈、网站做专题等方式，把“谈心录”内容传播得有声有色，深入人心。湖南人民出版社为本书出版做了大量工作，在此谨致谢忱！

参与本书起草和修改的有：邓小东、肖霄、周月桂、邓晶琎、刘勇、马纯红、潘小刚、周湘智、何绍辉、舒隽、李浩等。

图书在版编目（CIP）数据

热点话题谈心录.2018 / 中共湖南省委宣传部组织编写. —长沙：湖南人民出版社，2018. 8

ISBN 978-7-5561-2040-6

I. ①热… II. ①中… III. ①时事评论—中国—2018—文集 IV. ①D609.9-53

中国版本图书馆CIP数据核字（2018）第188369号

REDIAN HUATI TANXINLU 2018

热点话题谈心录·2018

组织编写 中共湖南省委宣传部
责任编辑 吴向红 吴韫丽 周 熠 马淑君
装帧设计 谢俊平

出版发行 湖南人民出版社［http://www.hnppp.com］
地　　址 长沙市营盘东路3号
邮政编码 410005

印　　刷 长沙新华防伪印刷有限公司
版　　次 2018年8月第1版
2018年8月第1次印刷
开　　本 710mm × 1000 mm 1/16
印　　张 8.5
字　　数 86千字
书　　号 ISBN 978-7-5561-2040-6
定　　价 35.00元

营销电话：0731-82683348 （如发现印装质量问题请与出版社调换）